12. Feb. 2008

9,90

Christian Fischer

Die Fee vom Falkenstein

Ein Wald - Märchen

Mit Bildern von

Nadine Fischer

E-Mail: info@wald-maerchen.de
Internet: www.wald-maerchende

Ohetaler-Verlag

Impressum

Text
Christian Fischer

Zeichnungen
Nadine Fischer

Druckvorstufe
Hans Schopf, Ohetaler-Verlag

Herausgeber
Ohetaler Verlag Riedlhütte
Heimatverein d´Ohetaler Riedlhütte e.V.
Kühbergweg 28, 94566 Riedlhütte
Tel. 08553 97 888 70
Fax: 08553-97 888 73
e-Mail: ohetaler-verlag@gmx.de
Internet: www.ohetaler-verlag.de

Druck
Garhammer-Druck, Regen

ISBN: 3-937067-48-5

Inhaltsverzeichnis

Das geheime Gespräch 7

Ein seltsames Versprechen 16

Das Abenteuer beginnt 28

Im Traum vereint 44

Die Fee Schnuppe 51

Mit Glühbi durch die Nacht 60

In der Feenhöhle 67

Der gefährliche Auftrag 78

Der Weg zum Höllbach 82

Xerxes greift an 93

Glühbis schnellster Flug 106

Schnuppes Abschiedsbrief 110

♥ Für meine Tochter Nadine ♥

Es wird Zeit damit zu beginnen

Um den richtigen Weg zu erkennen,
brauchst du keine Zauberkugel.
Um Dinge zu bewegen,
brauchst du keinen Zauberstab.
Um stark zu sein,
brauchst du keinen Zaubertrank.

Siehe mit dem Herzen,
alles liegt klar vor dir.
Benutze deine Fantasie
und du kannst Dinge bewegen,
von denen andere nur träumen.
Glaube an die Liebe, das Gute
und finde einen Freund,
dem du vertrauen kannst.

Alle Kraft liegt in dir

Christian Fischer

Christian Fischer

Die Fee vom Falkenstein

Das geheime Gespräch

„Alle Märchen sind gelogen! Ich weiß es genau, Paps!

Vor einigen Tagen hatte ***Nadine*** von ihren Mitschülern erfahren müssen, dass es ***Zauberer***, ***Feen*** oder ***Hexen*** nur in Geschichten gibt, die sich Menschen ausgedacht haben. Dieses Problem beschäftigte sie schon die ganze Woche. Es hatte den Anschein, dass Nadine diese Tatsachen nicht wahrhaben wollte. Verzweifelt kämpfte sie dagegen an.

„…Und unsere Lehrerin, die ***Frau Kasparbauer***, hat uns auch eine Andeutung gemacht...und, weißt Du was Paps...?“

„Was denn Nadine?“

Die Frage klang genervt.

„Von ***Larissa*** habe ich auch schon gehört, dass es keinen ***Nikolaus*** geben soll.“

„Meinst du wirklich?“

„Ja. Die Leute rufen nämlich irgendwo an und dann kommt ein alter Mann, der sich verkleidet wie ein Nikolaus.“

„Ach Nadine. Musst du denn immer alles glauben, was dir deine Freundin erzählt?“

Larissa war Nadines beste Freundin. Sie war ebenfalls sieben Jahre alt, hatte mittellanges, pechschwarzes Haar und war etwas kleiner als Nadine. Sie wohnte im selben Ort und in derselben Straße, zwei Häuser weiter unten. Es gab keine weiteren Spielkameradinnen in der näheren Umgebung. Da verstand es sich von selbst: Die beiden hielten wie Pech und Schwefel zusammen. Seit dem letzten Herbst gingen sie gemeinsam in die erste Klasse, in der nächst größeren Stadt. Was immer auch die Eine der Anderen erzählte…es war die Wahrheit. Keiner sollte daran zweifeln.

„Doch, doch und dann hab` ich da noch so was Komisches gehört."

„Was denn noch, Nadine?"

Nadines himmelblaue Augen sahen plötzlich ganz traurig aus. Ihre kleinen Finger zupften nervös am Saum ihres Schlafanzughemdes. Mit unsicherer Stimme fuhr sie ungewohnt leise fort.

„Das trau ich mir gar nicht sagen Paps."

„Ach komm` Süße. Du bist doch schon ein großes Kind. Deinem Vater kannst du doch alles sagen. Wirklich alles!"

„Also gut. Ich hab` gehört, dass es tatsächlich auch kein ***Christkind*** geben soll. Kannst du dir das vorstellen?"

„Na ja, ich weiß nicht so recht...ähm...mir ist da nichts bekannt... Ich weiß nur, dass du jetzt langsam schlafen musst. Morgen hast du Schule und da solltest du ausgeschlafen sein."

„Ach fünf Minuten noch, bitte, bitte..."

„Es ist heute schon spät genug und..."

„Bittebittebitte! Außerdem hab` ich noch Durst… und mit Durst kann ich nicht schlafen."

„Also gut, ich bring dir was. Aber dann ist endgültig Schluss für heute!"

Christian ging in die Küche und...

...auf dem Weg dorthin flogen ihm einige Gedanken zu:

Wie schnell Kinder doch groß werden. Gerade siehst du noch so ein unschuldiges, kleines Ding in der Wiege liegen, dass dir soeben geschenkt wurde. Ein zartes und vor allem an alles glaubende Wesen. Es bleibt dir kaum Zeit darüber nachzudenken, was dir durch Gottes Willen gegeben wurde. Du willst es behüten,...vor allem beschützen. Du möchtest von diesem Wesen alles fern halten, was ihm schaden könnte. Du möchtest es an Träume glauben lassen, die du selbst schon vor langer Zeit verloren hast. Du baust eine Traumwelt auf, in der es sich wohl fühlen soll. Die heile Welt, die es im wirklichen Leben nur selten gibt. Deine verlorenen Träume sollen in ihm neu zum Leben erwachen.

Doch auch dieses kleine Wesen wird irgendwann enttäuscht feststellen, dass das Leben gelegentlich ein Alptraum sein kann,... manchmal aber auch traumhaft schön. Trotzdem redest du dir ein, dass bis dahin noch viel Zeit ist. Sehr viel Zeit. Und dieses unschuldige Ding ist ja noch so klein. Dabei bemerkst du nicht, in welcher Geschwindigkeit auch dieser neue Mensch aus seinen Träumen herauswächst. Er beginnt langsam aber sicher seine Phantasien zu verlieren und gegen deine Vernunft einzutauschen.

Wäre es nicht schön, wir blieben alle Kinderseelen?

„Paaps!!?“

„Ja, ich komme schon!“

Nadine erwartete ihren Vater bereits ungeduldig. Als dieser mit dem versprochenen Getränk erneut ihr Zimmer betrat, saß sie im Schneidersitz mitten in ihrem Bett. Lächelnd blickte sie Christian an. Dabei wiegte sie ihren Kopf hin und her, so als ob leise Musik unsichtbar in ihrem Ohr spielen würde, die nur sie alleine wahrnehmen konnte. Der hellblaue Seiden-Pyjama passte hervorragend zu ihren hübschen gleichfarbigen Augen. Ihr schulterlanges, blondes Haar hatte sie vor dem Bettgehen noch kräftig durchgekämmt. Wie dünne Seidenfäden hing es frisch duftend und ordentlich von ihrem Haupt herab. Ihr Atem roch nach frischen Kräutern. Zahnpasta-Geruch.

Nadine trank, wie jeden Tag vor dem Lichtausschalten, ihr halbes Glas Limonade und stellte anschließend ihre schon so oft gehörten, unzähligen Fragen, um noch etwas Zeit heraus zu schinden:

„Darf ich nicht doch noch ein bisschen wach bleiben?"

„Nein, jetzt wird geschlafen."

„Noch fünf Minuten?"

„Auch keine fünf Minuten mehr."

„Noch eine?"…

Christian ließ um diese Uhrzeit nicht mehr mit sich verhandeln. Kinder in Nadines Alter brauchten nun mal ihren Schlaf. Soviel stand fest. Auch wenn sie um diese Uhrzeit, aus gutem Grunde, meist besonders lieb waren.

Noch ein ***„Gute- Nacht- Kuss"***, der auf keinen Fall fehlen durfte. Dann wurde die Kinderzimmer-Tür endgültig geschlossen.

Durch die Tür hörte er noch zwei-, dreimal die Stimme seiner Tochter, wie sie ihm ein noch gar nicht müdes „gute Naacht" hinterher rief. Er machte sich auf den Weg zur Küche.

„Paaps!!" - Paaaaaps!!! - Paaaaaaaaaps!!!"

Die Nervensäge gab keine Ruhe.

„Was ist denn jetzt schon wieder?"

„Ich muss dich noch waaas fraaaagennn!!"

Der noch warme Türgriff drückte Christian erneut die Hand, als ob er sagen wollte: „Hallo Paps, ich wusste, dass du mich noch mal berührst. Lass uns Freunde sein.“

„Was ist denn nun schon wieder Nadine? Jetzt aber zum allerletzten mal, du musst morgen......“

Die gerade begonnene Standpauke wurde durch eine weitere traurige Frage unterbrochen.

„Paps? Gibt es all diese Wesen wirklich nicht? Ich bin so traurig. Der Nikolaus wird mir besonders fehlen. Er war ja manchmal ziemlich böse auf mich. Aber da bin ich auch nicht brav gewesen. Lieber soll er wieder schimpfen, bevor es ihn gar nicht gibt. Und Paps? Gibt es auch keine ***Hexen***, ***Zauberer*** und echte ***Prinzessinnen***? Die haben immer so spannende Abenteuer erlebt.“

Christian wusste nicht, wie er auf all diese Fragen so schnell reagieren sollte. Es waren einfach zu viele auf einmal und sie kamen aus der tiefsten Stelle einer traurigen Kinderseele.

Nadine´ s Stimme wurde jetzt noch viel leiser und sehr traurig. Man hörte ihr an, sie hatte Angst, etwas Wichtiges zu verlieren.

„Sag mal Paps, gibt es auch keine ***Feen***? Die hab` ich doch besonders lieb. Sie erfüllen tolle Wünsche, helfen armen Menschen und tun niemandem etwas zu leide. Sie sind wunderschön und können ganz schnell fliegen. Sie haben ein leuchtendes Kleid und können zaubern. Feen sind das Tollste, was ich kenne. Sie können üüüberall sein. Draußen im Wald, oder bei mir im Zimmer. Paps, bitte, sag es mir ganz ehrlich. Gibt es sie?“

Oje. Eine Notlüge war nun nicht mehr zu vermeiden. Dass Kinder unaufhaltsam erwachsen werden, konnte jetzt wohl nicht verhindert werden. Aber vielleicht ließe sich das Tempo ein wenig bremsen. Ein bisschen nur. Verlegen begann Christian zu erzählen:

„Weißt du Nadine? Manchmal muss man an Dinge ganz fest glauben, dann gibt es sie auch. Ein fester Glaube kann Berge versetzen. Wenn du Feen ganz besonders lieb hast, dann sollst du auch den Glauben an sie niemals aufgeben. Und wenn du eines Tages ganz fest an eine Fee denkst und es fliegt gerade eine an deinem Kinderzimmer vorbei, dann hört sie deine Gedanken ganz bestimmt. Vielleicht besucht sie dich dann in deinen Träumen und erfüllt dir einen tollen Wunsch.

Träume sind das Kostbarste, was wir besitzen. In deinen Träumen bist du frei. Alles ist in ihnen möglich, nichts ist verboten. Bewahre sie wie einen kostbaren Schatz in deinem Herzen.“

In Nadines Kinderträumen ist die Welt noch in Ordnung.

Nadine hatte den letzten Worten ihres Vaters gebannt zugehört. Voller Konzentration hatte sie jedes Wort verschlungen. Man merkte ihr an, dass sie eine Antwort auf ihre vielen Kinderfragen suchte. Waren sie jetzt wohl beantwortet?

„Nun wird es aber wirklich Zeit, für heute Schluss zu machen. Schließe deine Augen und versuche zu schlafen. Morgen früh klingelt der Wecker und du kommst nicht aus den Federn.“

Mit strengem Ton versuchte Christian Nadine zum letzten Mal das Schlafen zu befehlen. Doch er hätte sich am liebsten mit zu ihr ins Bett gelegt. Er konnte sie nur allzu gut in ihren Ängsten und Nöten verstehen. Im halben Gehen sprach er noch…

„Denk einfach an eine wunderschöne Fee. Am besten fängst du gleich heute an, fest an sie zu glauben,...und außerdem kannst du dann auch schneller einschlafen.“

„Schlaf gut.“

„Du auch, lieber Paps.“

Nadine schlief jetzt tief und fest wie ein Kuschelbär. So war sie schon als Baby. Der Vollmond oder ein Gewitter, mit hellem Blitz und heftigem Donner, konnten sie in der Nacht nie aus der Ruhe bringen. Wenn sie schlief, dann schlief sie. Darauf konnten sich ihre Eltern stets verlassen.

Christian ging zurück in die Küche und erinnerte sich an sein ***geheimes Tagebuch***. Nach kurzer Suche fand er es in der obersten Schrankschublade. Ganz hinten rechts, unter einem Stapel alter Briefe, war es versteckt. Von Zeit zu Zeit wurden in dieses kleine Büchlein Einträge gemacht, die ihm besonders wichtig erschienen. Die letzten Notizen lagen einige Zeit zurück. Niemand wusste von diesem Buch. Seiner Tochter würde Christian es niemals zeigen. Die Zeilen waren viel zu persönlich. Nachdenklich begann er in den letzten Seiten zu blättern. Er nahm einen Stift zur Hand und schrieb auf eine neue Seite:

Jetzt ist Nadine sieben Jahre alt. Habe ich ihr in all den Jahren genug Aufmerksamkeit geschenkt, wenn sie mich brauchte? War ich ihr stets ein Vorbild? Ein Freund? Fand ich die richtigen Worte, wenn sie zu mir kam und Trost suchte? Wie oft hörte ich mich den Satz sagen: „Ich hab jetzt keine Zeit". Wie oft wollte ich aus ihr einen kleinen Erwachsenen formen. Einen Erwachsenen, der vernünftig denkt und keine Angst hat. Wenn Kinder wüssten, wie erdrückend die Ängste eines Erwachsenen manchmal sein können.

Ist es mir gelungen, das Unaufhaltsame für einen Moment aufzuhalten? Kann ich ihr durch meine kleinen Notlügen noch ein klein wenig Kindheit bewahren? Tausend Fragen, deren Antwort ich so gerne wüsste...

Die Nacht brach herein. All seine Gedanken und Fragen mussten

Nadine und ihr Kuschelbär „Fips".

sich der Müdigkeit beugen. Morgen erwartete Christian ein neuer, anstrengender Tag. Arbeit, Familie, Besorgungen…und seine Kinder, die ihn fortwährend auf Trab hielten. So war das nun mal mit 35 Jahren…mitten im Leben. Ein schöner Lebensabschnitt. Wenn es auch ab und an stressig war.

Er schloss das Buch, versteckte es wieder an seinem alten Platz und ging ebenfalls zu Bett. Bald darauf schlief auch er tief und fest.

Der Nacht folgte ein neuer Tag und dem Tag folgte eine weitere Nacht.

Ein seltsames Versprechen

Christian sprang aus seinem Bett mit einem Hops wie ein Känguru und stolperte die Treppen in Richtung Kinderzimmer.

“Paps... Paaps... Paaaaaaaaps! Paps komm schnell…Paaaaaaaps!!!“

„Was ist denn los Nadine?“

„Paps, komm. Paps schau doch!“

Was für eine Aufregung.

Aufrecht sitzend fand Christian Nadine in ihrem Bett vor. Sie war außer sich. Ihr schneller Atem war deutlich bis an die Kinderzimmertür zu hören. Schnell setzte er sich zu ihr ans Bett und versuchte sie zu beruhigen.

„Siehst du denn nicht? Am Fenster dort!“

Christian versuchte, Nadines Blicken zu folgen. Doch das einzige, was ihm sofort ins Auge stach, waren die leuchtenden Ziffern der Mickey Maus Wanduhr zu seiner Rechten. Die Zeiger lagen wie Spielkarten übereinander. Nur ein einziger leuchtender Strich war zu erkennen. Es war Mitternacht.

Nadines Augen, die normalerweise um diese Zeit deutliche Spuren des Schlafes zeigten, waren weit aufgerissen und strahlten hellwach.

„Ich hab` sie gesehen!“

„Wen?“

„Du weißt schon, an die ich ganz fest denken soll.“

„An wen?“

„Die Fee!“

„Ach so, die Fee...“, murmelte Christian mit belanglosem Ton.

Erbost antwortete Nadine mit lauter Stimme:

„Du glaubst mir wohl nicht. Du hast doch gesagt, ich soll ganz fest an die Fee denken...und das hab` ich gemacht! Sie war da! Da hinten beim Fenster und vorher hier, gleich hier oben über meinem Bett, sie hat... sie hat...“

Die Worte der kleinen Nadine überschlugen sich. Sie konnte sich nur schwer beruhigen.

„Paps, sie war da! Sie war wirklich da!“

„Ach meine Süße, das hast du nur geträumt.“

„Nein! Wirklich wahr! Ich hab` sie gesehen! Ich habe nur getan, was du gesagt hast und jetzt ist mein Traum in Erfüllung gegangen! Wie du gesagt hast! Ich belüg` dich nicht, ganz ehrlich!“

„Jetzt mal langsam Nadine. Beruhige dich erst einmal. Komm` her und lass` dich drücken.“

Christian nahm Nadine in seine Arme. Dabei spürte er ihren Herzschlag. Wie ein Trommelwirbel klopfte er. Es war kräftig pochend durch ihren Schlafanzug zu spüren. Nach einer Weile beruhigte sie sich mehr und mehr. Es tat ihr gut, in diesem Moment nicht alleine zu sein.

Wenige Augenblicke später begann Nadine von selbst zu erzählen. Ihre Worte klangen jetzt ruhig und besonnen. In ihrer Stimme hörte man eine innere Zufriedenheit, so als ob sie endlich Gewissheit hätte. Sie erzählte ohne jeden Zweifel und mit Bestimmtheit. Christian merkte, sie duldete keinen Widerspruch. Er hörte seiner Tochter zu, ohne sie zu unterbrechen. Heute, dachte er, ist der Zeitpunkt gekommen, diesem kleinen Erwachsenen die gebührende Aufmerksamkeit zu schenken. Heute wollte er alles richtig machen. Nicht dieselben Fehler wiederholen. Seine Tochter hatte diese Geschichte mit der Fee als wahr angesehen. Nun wollte er ihre Worte auch ernst nehmen. Obwohl es nur ein Traum war. Für Nadine war es Wirklichkeit. Märchen konnten also wahr sein.

Nadine begann zu erzählen...

„Weißt du Paps, du hast mir doch vor ein paar Tagen von den Feen erzählt."

„Ja, ich kann mich erinnern."

Nadine lernt die Fee Schnuppe kennen.

„Siehst du und ich habe sie auch nicht vergessen. Du hast gesagt, ich soll ganz fest an sie glauben, dann entdecke ich vielleicht eine."

„Das stimmt."

Christian wunderte sich, wie sehr Nadine seine einzelnen Worte noch in Erinnerung hatte. Mehrere Male hatte er in der Vergangenheit an der Aufmerksamkeit seiner Tochter gezweifelt. Doch sein Reden und Tun waren scheinbar nicht vergebens gewesen. Hatte jemals jemand behauptet, Kinder hören nicht richtig zu?

„Heute habe ich eine Fee entdeckt. Sie sah so zauberhaft wunderbar und schön aus und sie hat geleuchtet wie die Sonne…so hell, so strahlend. Ich dachte zuerst, ich träume. Ich rieb mir die Augen, aber sie war noch immer da, schwebte über meinem Bettchen und hat freundlich gelächelt,... und geredet hat sie auch mit mir."

„Geredet hat sie auch mit dir", wiederholte Christian Nadines letzte Worte.

„Du glaubst mir wohl nicht?"

Vorwurfsvoll sah Nadine ihrem Vater ins Gesicht. Dieser konnte ihrem unbeugsamen Blick kaum standhalten.

„Doch, doch, ich glaub` dir schon Nadine."

„Das musst du auch, denn ich sag` dir ganz bestimmt die Wahrheit,...und weißt du was, Paps?"

„Was?"

„***Schnuppe*** und ich sind jetzt Freundinnen."

„Also Schnuppe heißt deine neue ***Feenfreundin***?"

„Ja und sie hat mir auch gezeigt, wo sie wohnt."

„Wo denn Nadine?"

Wie dumm Erwachsene doch manchmal sind, dachte Nadine. Jedes kleine Kind weiß doch, wo Feen wohnen. Anscheinend musste sie ein wenig nachhelfen. Besserwisserisch antwortete sie:

„Wo alle Feen wohnen! Natürlich im Wald... und meine Fee wohnt nicht weit entfernt von hier. Am ***Falkenstein***."

„Wo?"

„Am Falkenstein! ... das ist der Berg, dort wo meine Omi in der Nähe wohnt."

„Ja, ich kenne den Falkenstein. Aber warum gerade da?"

Ein wenig gereizt entgegnete sie:

„Das weiß ich doch nicht. Ich kann sie ja das nächste Mal fragen. Und außerdem war Schnuppe nicht alleine. Sie war mit ***Glühbi*** unterwegs. Das ist ein ***fliegendes Riesenglühwürmchen*** und Schnuppes bester Freund."

Christian stockte der Atem. Obwohl in Nadines Zimmer die Heizung an war, lief ihm ein kalter Schauer über den Rücken. Fassungslos konnte er nur ein „Jetzt wird` s ja immer bunter!" erwidern.

„Das ist aber noch nicht alles."

„Ich soll sie mal in ihrer ***„Wunschhöhle"*** besuchen, nicht weit vom Gipfel."

„Wie soll das denn gehen?"

„Das habe ich sie auch gefragt. Ich sagte, dass ich noch zu klein bin und nicht alleine so weit weg von zu Hause darf... außer..."

„Außer was?"

„Außer mein Paps begleitet mich, um auf mich aufzupassen."

Nadine, Schnuppe und Glühbi.

Christian hatte geahnt, dass das dicke Ende doch noch kommen würde. Jetzt war alles ausgesprochen! Nadines Fantasie ging gewaltig mit ihr durch. Dass sie an die Geschichte mit der Fee geglaubt hatte, war ja noch einigermaßen normal. Dass sie nachts davon träumte, das leuchtete ihrem Vater auch noch ein. So waren Kinder nun mal. Was aber jetzt passierte, war mehr als komisch. Eine komplette Phantasie-Geschichte war aus seiner Ausrede von neulich entstanden. „Kinder haben eine gewaltige Vorstellungskraft“, dachte er. Doch Christian war neugierig geworden.

„Wie stellst du dir das vor?“

„Ich kann doch nicht einfach sagen: “Hallo Schnuppe. Ich bin der Papa von Nadine...freut mich, dich kennen zu lernen.“

„Jetzt bist du aber sehr kindisch Paps...und das in deinem Alter.“

Christian musste ein wenig über die Schlagfertigkeit seiner Tochter schmunzeln. Und ehrlich war sie obendrein.

Wie schön, dass er so ein offenes Verhältnis zu ihr hatte.

„Du hast Recht Nadine. Erzähl doch weiter.“

„O.K.! Schnuppe hat gesagt, ich soll dich einfach mitnehmen. Das funktioniert aber nur, wenn du ein Erwachsener bist, der noch an Feen glaubt.“

„Wie meinst du das?“

„Die meisten Erwachsenen glauben nicht mehr an Märchen...und deshalb haben Feen und ähnliche Wesen auch große Angst vor ihnen.“

„Aber Nadine! Glaubst du denn wirklich an all diese Geschichten?“

„Wie meinst du das Paps? Du hast doch selbst gesagt, ich muss nur fest an Feen glauben, dann gibt es sie auch. Hast du mich etwa belogen?“

Kinderlogik !

„Also gut Nadine. Ich versuche dir zu glauben.“

„Nicht nur versuchen! Du musst es wirklich tun. Wir haben ausgemacht, dass der Eine dem Anderen vertraut. Das hast du mich gelehrt und daran habe ich mich immer gehalten. Hätte ich an dir gezweifelt, wäre mir die Fee Schnuppe doch niemals begegnet.“

Nadine hatte gewonnen. Mit all den Argumenten, mit denen Christian versucht hatte, sie an ihn glauben zu lassen, hatte sie ihn nun bezwungen. Seine Gegenargumente waren sinnlos. Alle! Sie hatte sich anscheinend seine Moralpredigten besser zu Herzen genommen, als er gedacht hatte.

Ja, sie glaubte an ihn, an den ***Himmel***, an den ***Nikolaus*** und vermutlich auch an die ***Fee Schnuppe***.

„Ich glaube dir Nadine." seufzte Christian.

Die Worte kamen noch immer etwas unsicher über seine Lippen, doch er hatte sich fest vorgenommen, den Worten seiner Tochter tief zu vertrauen.

Längst hatte Nadine bemerkt, dass ihr Papa neugierig geworden war. Sie versuchte wieder und wieder ihr Erlebnis mit Schnuppe aus einer anderen Perspektive zu beschreiben. Dabei redete sie sich regelrecht in Rage und hielt eine Ansprache, auf die jeder Politiker stolz gewesen wäre. Christian wunderte sich, dass sie zwischen den Sätzen überhaupt noch Luft bekam. Nadine berichtete ohne Punkt und Komma. Als sich ihre dramatische Erzählung auf dem Höhepunkt befand, wurde ihre laute Stimme urplötzlich sehr leise und konzentriert. Ihre schönen blauen Augen nahmen erneut ihren Vater ins Visier.

„Was hältst du davon, wenn wir demnächst zum Wandern gehen und die Nacht im Zelt auf dem Falkenstein verbringen?"

Christian hatte seine Entscheidung längst gefällt, aber er wollte seine Tochter noch ein wenig zappeln lassen. Er hatte geahnt, dass diese Frage kommen würde. Es bedeutete jedoch für ihn keineswegs ein großes Opfer, mit seiner Tochter im Zelt zu schlafen. Ganz im Gegenteil. Er freute sich darauf. Aber das behielt er im Augenblick noch für sich. Schließlich war er ihr Herr Papa und musste Autorität ausstrahlen.

„Paps, diesen Wunsch musst du mir einfach erfüllen!"

Mit strenger Amtsmiene zog er seine linke Augenbraue leicht nach oben.

„Wir verbringen die Nacht unter den Sternen. Wenn wir erst

einmal im Zelt liegen, dann ist das Schwierigste schon geschafft. Du brauchst dich nur auf mich zu verlassen. Bitte sag ja!“

Wenn sie diesen bestimmten Blick hatte, der mitten in die Seele ihres Vaters zielte, dann konnte man ihr keinen Wunsch verwehren.

„Also gut Süße“, hörte Christian sich selbst sagen. Seine Stimme klang, wie von weiter Ferne. War er in Hypnose? Wie immer sie das auch angestellt hatte...sie hatte ihn umsponnen, wie eine Spinne, eingewickelt…

„Klasse! Super! Hurra!!!“

Nadine fiel Christian um den Hals, erdrückte ihn beinahe.

Voller Begeisterung rief sie: „Du bist ein starker Typ! Echt!“

Unzählige Male war Christian schon auf diesen wundervollen Bayerwaldberg, den Falkenstein, gewandert.

Er war im Winter bei klirrender Kälte mit Skiern dort oben gewesen und hatte die weiße Märchenlandschaft betrachtet. Wie mit Zuckerguss überzogen lag sie still und leise in solchen Momenten vor ihm.

Im Sommer war er bei strahlendem Sonnenschein mit Bundhose und Wanderschuhen dorthin gegangen. Der Wald lag ihm wie ein tiefgrüner Teppich zu Füßen. Konnte man sich in solchen Augenblicken nicht wie ein König fühlen? Nein! Dieses Gefühl war noch besser…noch ehrlicher. Man fühlte, dass man Gott hier näher war.

Vom ***Großen Falkenstein*** hatte er immer wieder einen fantastischen Ausblick über das weite Land. Auf dem Gipfel dieses Berges wurde ihm seine Heimat wie auf einem riesigen Tablett präsentiert.

„Kreuzstraßl". Seine Kindheit hatte er in diesem kleinen Walddorf am Fuße des Berges verbracht. Der Ort sah genau so aus, wie er hieß. Er bestand lediglich aus zwei sich kreuzenden Straßen und ein paar kleinen dahin gestreuten Häusern. Christian konnte sich keinen schöneren Ort auf der ganzen Welt vorstellen, um eine abenteuerliche und erlebnisreiche Kindheit zu verbringen. Seine Kindheit!

Weiter hinten war ***„Lindbergmühle"*** zu erkennen. Wie gemütlich sich der ***„Kolbersbach"*** durch diesen Ort schlängelte.

Noch weiter in der Ferne, ein paar Kilometer dahinter, konnte man mühelos das herrlich gelegene ***„Lindberg"*** sehen.

Dahinter erstreckte sich die ***„Glasstadt Zwiesel"*** mit ihrem imposanten Kirchturm, aus rotem Backsteinziegel, der weit in die Landschaft leuchtete.

Er war jedes Mal wieder stolz auf seine Heimat und aufs Neue begeistert von diesem schönsten Berg im ***Bayerischen Wald***. Von der Natur und seinen Wäldern.

Bei Nacht war er auch schon mit Fackeln oder Taschenlampe hierher gewandert. Das hatte seinen Reiz. Tagsüber gefiel es jedoch Christian auf dem Großen Falkenstein am besten. Da konnte er die Nachbarberge ***„Rachel"*** und ***„Arber"*** in der Ferne besser bewundern.

Das war seine Heimat. Hier fühlte er sich am wohlsten.

„Wie schön es die Menschen hier doch haben", dachte Christian oft bei seinen Blicken über das weite Land. „Sie leben wie im Paradies und die meisten merken es nicht einmal."

...doch eine Fee hatte er beim besten Willen bisher noch nicht entdecken können.

Bei all diesen Gedanken an seine Heimat, durchströmte Christian ein Gefühl der Wärme und Behaglichkeit. Innere Zufriedenheit.

Nadine musste ähnlich fühlen. Hatte sie doch ihren sehnlichsten Wunsch nun endlich erreicht.

Christian verabschiedete sich ein letztes Mal für diesen Abend von seiner Tochter. Er gab ihr einen dicken Kuss auf die Stirn und wandte sich zum Gehen. Auf seinem Weg zur Zimmertür wanderte sein zufälliger Blick nach unten. Er entdeckte ein kleines Stück Birkenzweig auf dem Boden. An ihm hing ein leuchtend grünes Blatt mit einem großen Tautropfen auf der Oberfläche. Alles wirkte so frisch, als ob er gerade erst gepflückt worden wäre. Einige dunkle Tannennadeln und etwas Erde lagen ebenfalls daneben. Hatte jemals ein Mensch alle Tannen des Bayerischen Waldes gezählt und wie viele Tannennadeln gab es wohl auf der ganzen Welt...?

Erneut schrieb er in sein geheimes Tagebuch:

Der Glaube an meine Tochter ist sehr stark. Wenn sie etwas erzählt oder versichert, so ist stets Verlass auf sie. Die Geschichte mit der Fee ist aber schon etwas Besonderes. An sie zu glauben, verlangte eine gewaltige Portion Vertrauen von mir. Die leisen Zweifel, die ich habe, behalte ich lieber für mich. Ich möchte meiner Tochter beweisen, dass auch sie sich auf mich verlassen kann. Dass ich ihr glaube, egal wie verrückt sich ihre Geschichte anhört. Ich möchte ihr ein wirklicher Freund sein.

Für immer und ewig.

Schnuppe besucht Nadine in ihrem Kinderzimmer.

Das Abenteuer beginnt

Dieser Frühsommertag, ein Freitag, zeigte sich von seiner schönsten Seite. Die Luft war klar, keine Wolke trübte den Himmel. Die Sonne schien kräftig, aber nicht zu heiß. Schon früh am morgen hörte man die Vögel durch den ganzen Wald um die Wette singen. Sie sangen so fleißig, als ob sie es kaum erwarten konnten, ihrem Nachbarn die neuesten Neuigkeiten mitzuteilen. Bestimmt hatten auch die Waldbewohner viele Geheimnisse, die man dem Anderen unbedingt zuflüstern musste.

„Guten Morgen Herr **Spatz**, zwitscher-zwitscher. Haben sie auch, zwitscher-zwitscher, letzte Nacht den **Uhu** gehört. Das ist eine, zwitscher-zwitscher, Unverschämtheit, was der die ganze Nacht für einen Radau veranstaltet, zwitscher-zwitscher…“

„Genau, Herr Kollege, zwitscher-zwitscher. Ich konnte auch kein Auge zumachen, so laut, zwitscher-zwitscher, war es. Wenn das noch mal vorkommt, werde ich dem Herrn Uhu ordentlich die Meinung pfeifen, zwitscher-zwitscher…“

Auch der ***Specht*** würde seinem Nachbarn einiges zu erzählen haben:

„Hallo, Herr **Specht**, klopf-klopf. Gestern Nacht, als ich in meinem Baumloch gesessen bin, klopf-klopf, habe ich es ganz schön mit der Angst zu tun bekommen.“

„Wieso das denn, Herr Nachbar, klopf-klopf.“

„Da war ein ständiges Schaben und Kratzen an meinem Baum, klopf-klopf. Zuerst dachte ich, klopf-klopf, dass es sich um ein Spechtweibchen handelt, das ein Nachtquartier sucht. Doch dafür, klopf-klopf, waren die Geräusche zu seltsam.“

„Und was war es dann, klopf-klopf, Herr Nachbar?“

„Ach nur ein Reh, dass von meiner Baumrinde geknabbert hat. Und ich, klopf-klopf, hatte das Gefieder schon wieder ohne Grund ordentlich voll. Aber sie wissen ja, was heutzutage alles so passiert…Früher war es im Wald viel ruhiger"

Herr ***Igel*** würde seinem Nachbarn, Herrn ***Dachs***, sein Erlebnis der letzten Nacht erzählen:

In einem unvorsichtigen Augenblick, waren ihm seine schwachen Augen zum Verhängnis geworden. Er krabbelte an einer Böschung entlang und trat mit einem Fuß ins Lehre. Wie ein Ball war er den Abhang hinuntergerollt und krachte mit voller Wucht an eine große Tanne. Zu allem Ärger war er mit seinen Stacheln stecken geblieben und konnte sich erst eineinhalb Stunden später befreien. Leider musste er sich von einigen seiner heißgeliebten Stacheln trennen. Seine Stacheln waren sein ganzer Stolz. Jeden Tag feilte er sie mit größter Genauigkeit, um ja gut auszusehen. Herr Igel war sehr eitel. Welch ein Verlust, würde er Herrn Dachs erzählen.

Das alte ***Drosselweibchen***, das über jeden Waldbewohner bestens Bescheid wusste, würde sich schon am frühen Morgen den Schnabel zerreißen...und bestimmt konnte sie zu jedem Thema ihren allseits begehrten Senf dazugeben. Ohne ihn und ***Frau Drossel*** ging es nun mal auch in der freien Natur nicht.

Es war ein einziger Singsang und Klingklang im Wald. Ein akustisches Gesprächskonzert ohne einen einzigen Kapellmeister. Tiere verstanden sich eben gut.

An diesem Morgen beherrschte jedoch ein anderes Gespräch den Wald. Zwei Menschen befanden sich in ihrer Gegend. Ein großer Mann mit so einem runden Sack auf seinem Rücken und ein kleiner Mensch, der ständig Töne von sich gab. Wie die Nachbarin Frau Drossel.

Menschen sind schon seltsam. Sie kommen in den Wald, veranstalten einen Riesenradau und bringen alles durcheinander. Anschließend wird alles kaputt getreten und sie hinterlassen ihren Abfall auf Schritt und Tritt. Ihre Nachbarn, die Tiere, lassen sie in all dem Chaos, das sie angerichtet haben, zurück. Werden so Nachbarn und Freunde behandelt?

Auf alle Fälle würde man diese beiden Menschen genau im Auge behalten müssen…

Über dieser ganzen Szene thronte mächtig ein ***junges Falkenpärchen***. Hoch in den Lüften, zog es einsam seine Kreise, lautlos und für alle anderen Tiere unsichtbar. Ihre kristallklaren Augenpaare spähten aufmerksam hinab ins grüne Waldmeer. Nichts konnte diesen Augen entgehen. Sie waren rasiermesserscharf. Auch Nadine und Christian hatten sie längst schon bemerkt. Denn sie konnten um ein Vielfaches besser und weiter sehen, als jedes andere Lebewesen dieses Waldes,…auch besser als diese beiden Besucher.

Schon früh am Morgen hatten sie ihre kräftigen, breiten Flügel weit von sich gestreckt und hatten sich in den neuen Tag erhoben, auf riesigen Segeln. Ihr braun schimmerndes Gefieder glänzte elegant in der Morgensonne. Die spitzen Krallen hatten sie während des Fluges dicht an ihren Körper gelegt, ***Silberauge***, das starke Falkenmännchen und ***Goldfeder***, seine treue Begleiterin.

Nachdem das Falkenpärchen eine Zeit lang am stahlblauen Himmel gekreist war, stieß Silberauge einen lang gezogenen, schrillen Schrei aus. Ein vielfaches Echo hallte von den grauen Felswänden des Falkensteins zurück. Man konnte meinen, unzählige Falken hätten seinen gewaltigen Ruf zum Gruße erwidert. Doch nur sein geliebtes Weibchen befand sich in der Nähe.

Goldfeder antwortete Silberauge.

„Ziiihhhiiiiiii…!!!“

„Hast du das gehört, Paps?“

„Ja."

Nadine und ihr Vater blickten zum Himmel empor. Nur mühsam konnten sie die beiden dunkelbraunen Punkte in schwindelerregender Höhe erkennen. Wie an unsichtbaren Seidenfäden befestigt schwebten sie nahezu unbeweglich,...weit über ihren Köpfen.

„Was ist das?"

„Vielleicht Falken? Ich weiß es nicht genau", antwortete Christian. „Sie sind zu weit weg von uns."

Der zu groß geratene Rucksack wurde schon einen Tag zuvor von Vater und Tochter gepackt. Darin befanden sich das Zelt, zwei kuschelige Schlafsäcke, sowie eine extra weiche Decke für den kleinen Nestflüchter Nadine. Ihr Kopfkissen und das Kuscheltier „***Fips***", ein kleiner gelber Plüschbär, durften ebenso auf keinen Fall fehlen.

Am Morgen wurden noch Kochgeschirr, verschiedene Lebensmittel und eine Taschenlampe ergänzt.

Von irgendwoher war eine Kirchturmglocke zu hören. Sie schlug neun. Die beiden Frühaufsteher waren schon aufgeregt mit ihren letzten Vorbereitungen beschäftigt. Nur das Kuscheltier „Fips" schien noch gemütlich im Rucksack zu träumen. ***Bärenträume***!

Sie sprangen in die bereitgelegte Kleidung.

Nadine hatte extra neue Wanderschuhe bekommen, rote Schnürschuhe aus weichem Leder. Schließlich sollte ihre erste große Wanderung schmerzfrei ablaufen. Der Spaß sollte ihr nicht schon auf den ersten Metern vergehen. Bloß keine offenen Stellen an den Beinen oder Blasen an den Fersen. Dazu trug sie eine knielange, graue Bundhose, rote Stricksocken und ein rot-blau-kariertes Hemd aus weicher Baumwolle.

Christian hatte braune Wanderschuhe aus altem Leder an. Ziemlich ausgelatschte Teile. Ein schlichtes weißes T-Shirt und dazu eine ausgeblichene, abgewetzte Jeanshose, die er besonders liebte. Bei vielen Ausflügen und Wanderungen war sie stets dabei gewesen und hätte mit Sicherheit viele Geschichten zu erzählen gehabt. An einigen Stellen war ihr Stoff schon schütter, so dass die Haut ein wenig durchschimmerte, genau wie bei Christians braunen Haaren. Dennoch fühlte er sich in diesen Kleidungsstücken am wohlsten.

Und los ging's!

Die paar Kilometer bis zum Ausgangspunkt der Wanderung legten sie mit dem Auto zurück. Nadine stellte während der Anfahrt rastlos und schon etwas aufgeregt Frage um Frage:

„Wo schlafen die Rehe bei Nacht?"
„Wer malt den Blättern die grüne Farbe auf?"
„Können Tiere niesen?" Und so weiter, und so weiter...

Auch komische Fragen stellte sie. Fragen, die eben nur Kinder stellen können, und über die man niemals böse sein kann. Christian schmunzelte in sich hinein.

„Haben Tiere bei Nacht warme Socken an?"

„Bekommen Vögel, wenn sie nach Süden fliegen, einen Muskelkater?"

„Muss ein Fuchs auch manchmal zum Friseur?"

Schon einige Kilometer zuvor hatten sie den großen Falkenstein erblickt. Stolz und mächtig erhob er sich vor ihren Augen. Die beiden konnten es kaum noch erwarten den ersten Fuß in den Wald zu setzen und sich ihrem bewaldeten Freund zu nähern. In Kreuzstraßl, Christians alter Heimat, ließen sie ihr Auto stehen. Ein großes, hölzernes Schild mit der Aufschrift „***Nationalpark***" hieß sie willkommen. Der Parkplatz war noch menschenleer. Sie entschieden sich trotzdem, auf einem der hinteren Plätze zu parken. Dort grenzten Bäume an. Das Auto stand schön im Schatten.

Raus aus der Kiste. Endlich! Geschafft!

Das Abenteuer begann!

Doch wer der Annahme war, Nadines aufgeregte Fragerei würde nun weniger werden, der irrte sich. Und so plapperte sie munter an der Seite ihres Vaters weiter. Es war ein toller Tag. Endlich ein Tag, um nur für Nadine da zu sein. Keine Arbeit. Keine vorgefertigten Pläne. Nur den Tag genießen. Die Zeit bewusst erleben. Bei „Mutter Natur" war die Minute noch eine Minute wert. Zeit unterlag an diesem Ort keiner Inflation. Man konnte ihre ganze Größe spüren. Eine Stunde war noch eine Stunde. Nicht nur eine kurze Zeitspanne. Die Hetze des Alltags war nicht zu spüren. Beide atmeten tief durch.

Nadine und Paps wandern durch den Wald.

Der anfangs lichte Wald wurde dichter und dunkler. Das helle Sonnenlicht des frühen Morgens konnte den Waldboden noch nicht mit seiner ganzen Stärke erreichen. Aus meterhohen Farnen stieg dampfend Morgennebel empor. Wie aus einem kochenden Wassertopf. An ihren Blättern hafteten tausende kleine Tautropfen, die bei der geringsten Berührung schwer zu Boden fielen.

Von irgendwo hörten sie einen Kuckuck rufen.
„Kuckuck,...Kuckuck,...Kuckuck,...!!!“

Ein Zweiter antwortete wesentlich leiser.

„Kuckuck,...kuckuck,...“

Er war scheinbar ein ganzes Stück entfernt.

Nadines Fragerei ging noch ein Weilchen. Doch sie kam langsam außer Atem. Das Gelände stieg an und der Waldweg wurde etwas steiler. Ihr schweres Gepäck machte sich bemerkbar. Nadine mit ihren kleinen „Stampfern“ und Papa mit seinem großen Rucksack kämpften sich jedoch tapfer vor.

Märchenhaft wurde der Wald, Urwald, geheimnisvoll und nahezu unberührt. Tellergroße Fliegenpilze standen am Wegesrand, taufrisch und mit zahlreichen weißen Punkten auf ihren roten Kappen. Von einigen dieser Pilze fehlte ein Stück. Daneben Spuren von Rehen, die bei Nacht hier entlanggekommen sein mussten. Hatten sie an den Pilzen geknabbert?

Stille kehrte ein und die Natur drang in jede Pore ihrer Körper. Die Faszination des vor ihnen liegenden Paradieses versetzte sie in tiefe Ehrfurcht. Ihre Blicke berührten sich und jeder sah im Gesicht des Anderen tiefe Zufriedenheit.

„Warum heißt den dieser Berg eigentlich Falkenstein?“, fragte Nadine zwischen diesen Eindrücken.

„Tja, so genau weiß ich das auch nicht. Ich denke mal, dass hier früher viele Falken gelebt haben. Sie hatten oben auf dem Berg ihre Nester und schwebten mit ihren mächtigen Flügeln über dem Tal. Das haben natürlich auch die Menschen gesehen und den Berg Falkenstein genannt.“

„Und warum heißt dieser Berg nicht ***Rehberg*** oder ***Eulenhügel*** oder ...?“

Nadine sah ein wenig ungläubig in Christians Richtung. Sie schien mit seiner Erklärung nicht ganz einverstanden zu sein. In Gedanken wanderte ihr Blick nach unten. Der Weg, auf dem sie gingen, war mit dichtem Wurzelgeflecht überzogen. Ein endloses Wirrwarr, das von den angrenzenden Bäumen stammte. Leicht konnte man hier stolpern…

„Wer hat denn all diese Bäume gepflanzt?“

„Eigentlich niemand.“

„Aber da stehen sie doch, oder ist da vielleicht eine Wiese, oder ein See?“

„Ja sicher stehen sie da. Trotzdem hat sie niemand gepflanzt.“

„Das versteh ich nicht…?“

„Ganz einfach Nadine. Von den Bäumen fällt der Samen ab, der zum Beispiel in den Tannenzapfen lebt. Aus diesem Samen entstehen neue Bäume“

„Bäume wachsen aus Tannenzapfen? Glaube ich nicht! Die sind ja viel zu klein. Da hat ja nie und nimmer ein Baum drinnen Platz.“

„Und trotzdem ist es so, mein Schatz.“

Nachdem sie etwa die Hälfte des Weges hinter sich gebracht hatten, beschlossen die beiden, eine Rast einzulegen. Ein herrlicher Buchenwald lag vor ihnen. Goldgelbes Sonnenlicht schimmerte durch das grüne Walddach und lud sie zu einer kurzen

Pause ein. Der Sommer war jung und die frischen Blätter des Waldes grüßten zu tausenden auf ihre Besucher herab. Herrlich, wie schön sie bei leichtem Wind wackelten. Jedes einzelne war einmalig in seiner Erscheinung und perfekt in der Form. Sie setzten sich auf einen umgestürzten Buchenstamm. Er roch frisch und nach Moos.

„Gefällt es dir Nadine?"

„Ja, total!"

Für einen Augenblick kehrte Ruhe ein. Diese kurze Unterbrechung tat beiden gut. Nadine hatte Gelegenheit, ihre ersten Eindrücke aus der Natur besser zu verarbeiten. Christian hatte einen Moment Zeit, um über etwas Bestimmtes nachzudenken.

Seine Tochter hatte ihm, während ihrer Wanderung, schon etliche Fragen gestellt. Nun wollte er ihr eine kleine Geschichte erzählen, an die er soeben denken musste:

„Habe ich dir eigentlich schon die Geschichte vom ***Königsbaum*** erzählt, Nadine?"

„Nein. Nicht, dass ich wüsste…"

„Möchtest du sie hören?"

„Klar doch!"

Christian versuchte sich an diese alte Geschichte zu erinnern, die ihm sein Großvater vor langer Zeit einmal erzählt hatte. All die Jahre hatte er nicht mehr an sie gedacht. Ob die frische Waldluft seine grauen Zellen in Bewegung gesetzt hatte? Nachdenklich begann er zu berichten:

„Mein Opa, also dein Urgroßvater, ist Holzarbeiter gewesen. ***Holzhauer*** nannte man früher diese Arbeiter, die sich ihren Lebensunterhalt hart erkämpfen mussten. Sie fällten alte Bäume mit schlichten Sägen und transportierten sie auf einfachen Holzschlitten über unwegsame Waldwege ins Tal. ***Dillinger-Opa***, so nannte ich meinen Opa, konnte unendlich viele Geschichten erzählen. Gebannt hörte ich ihm als Kind zu. Für mich war das total spannend. Mein Opa war ein Meister im Geschichtenerzählen."

„Und was hat das mit diesem Königsbaum zu tun?"

Christian dachte an seinen Opa. Obwohl er schon lange nicht mehr lebte, konnte er sich noch ganz genau an ihn erinnern. Klein war er und einen kugelrunden, dicken Bauch hatte er. Bis auf einen kleinen Haarkranz hatte er eine blitzblanke Glatze. Christian hatte ihm als Kind immer den Nacken ausrasiert. Er erinnerte sich noch genau an die runzelige Haut, die er auf keinen Fall beim Rasieren verletzen wollte. Ein gemütlicher Mann…

„Das ist so Nadine. Mein Dillinger-Opa hat einmal von einem Baum gehört, den es nur ein einziges mal geben soll."

„Wie meinst du das?"

„Es soll der älteste und größte Baum vom ganzen Falkenstein sein, sozusagen der Vater aller Bäume."

„Und wo ist dieser Baum?"

„Wenn ich das wüsste, mein Schatz…Niemand hat diesen geheimnisvollen Baum bisher gefunden. Ich weiß nur eins. Als ich in meiner Kindheit im Wald gespielt habe, hoffte ich immer, dass ich eines Tages diesen ***Königsbaum*** finden würde. Doch leider ist das niemals geschehen. Es ist eben auch nur eine Geschichte, die sich die Menschen ausgedacht haben."

Nadine wollte sich mit dieser Erklärung nicht so einfach ihre Fantasien entreißen lassen. Sie kickte einen Tannenzapfen, der vor ihr lag, wie eine leere Cola-Dose auf den Weg. Trotzig gab sie zur Antwort:

„Vielleicht finden ***wir*** ja diesen Königsbaum. Ich glaube diese alten Geschichten,…und so schnell sollte man mit seiner Suche auch nicht aufgeben…!“

Nachdenklich saßen sie noch für einen Moment auf ihrem ***Buchensofa***. Als sie sich ausreichend erholt hatten, setzten sie ihren Weg fort.

Es war wie eine stille Abmachung. Keiner der beiden erwähnte das Thema, um das es eigentlich bei dieser Wanderung ging. Das Treffen mit der Fee Schnuppe. Was wohl in den nächsten Stunden passieren würde? Keiner wusste es genau.

Doch immer wenn der Mensch denkt, er weiß alles,…hat alles begriffen,…die Natur in ihrer Ganzheit verstanden, dann tauchen hinter jeder gelösten Frage eine Unmenge neuer Fragen auf. Noch interessantere Fragen. Erneut wird man von Neugierde gepackt. Sie lässt einen dann kaum noch los.

Nur ein Gefühl war noch stärker als alles Andere. „***Hunger***“ hieß es.

„Paps! Ich hab Hunger!“

„Meinst du Nadine, wir sollten noch einmal eine kurze Rast einlegen?“

„Auf alle Fälle. Sonst muss ich ein paar Tannenzapfen essen…und dann können keine neuen Bäume mehr wachsen.“

Christian schmunzelte über Nadines witzige Bemerkung.

Besonders anfällig für diesen gemeinen Kerl „***Hunger***“ sind Kinder. Das geht schon im Babyalter los. Hunger lässt Babys brüllen. Was für ein gnadenloser Gefährte.

„Was hat uns Ma eigentlich alles zum Essen eingepackt?“

Nadines Mutter konnte bei dieser Wanderung nicht dabei sein. Sie musste zu Hause auf Nadines Schwester ***Janine*** aufpassen, die zwei Jahre jünger war.

„Jede Menge mein Schatz. So viel, dass wir eine Woche lang durch den Wald wandern können."

Beide mussten herzhaft lachen.

Mittagszeit. Die Sonne hatte ihren höchsten Stand mittlerweile erreicht. Eine kleine Pause konnte also beiden nicht schaden.

Die zwei Wanderer breiteten ihre rot-blau-karrierte Campingdecke aus und kauerten sich ins weiche Gras. Alles schmeckte köstlich. Wurst, frische Semmeln und Getränke. Nichts fehlte. Dazu kam noch die frische Luft, an der alles besonders gut schmeckt. Man konnte meinen, es sei ein Gewürz,…gratis, von „***Mutter Natur***".

Ein Picknick mit Mutter Natur.

Frisch gestärkt setzten Nadine und ihr Vater die Wanderung fort.

„Weißt du eigentlich, wohin wir gehen müssen?"

„Aber klar doch, Nadine. Zum Falkenstein hoch."

„Ja schon, aber Schnuppe hat mir eine Stelle beschrieben, wo wir sie am leichtesten treffen können."

„Ach so. Und wo ist diese Stelle?"

„Das weiß ich nicht so genau. Sie hat mir den Ort nur beschrieben. Ich dachte, du wirst ihn schon finden."

Christian war ein wenig überrascht. Er kannte sich recht gut auf diesem Berg aus. Doch jeden einzelnen Weg zu kennen, würde er niemals behaupten…

„Nadine, ich bin doch keine Landkarte. Wie sollen wir diese Stelle jemals finden?"

Nadine überlegte kurz. Sie versuchte, sich genau an die Worte der Fee Schnuppe zu erinnern. Nach einer Pause fuhr sie fort.

„Nicht weit vom Gipfel entfernt liegt eine große Wiese. Da stehen fast keine Bäume drauf. Nur sehr wenige und die sind schon ganz schön alt. Die Fee hat gesagt, diese Wiese sei eine Schachtel."

Christian wusste sofort, welche Stelle gemeint war. Nicht ***„Schachtel"*** hatte die Fee zu Nadine gesagt, sondern ***„Schachten"***. So wurden im Bayerischen Wald freie Flächen mitten im Wald genannt, Bergwiesen mit vereinzelten uralten Unterstandsbäumen. Dort weideten früher Stiere und Kühe den ganzen Sommer lang. Sie wurden vom Tal in diese Höhenlagen getrieben, da das Gras dort besonders saftig war. Ein Waldhirte beaufsichtigte in den warmen Monaten die Tierherde, alleine und abgeschieden in der Waldeinsamkeit. Doch das war schon lange her. Jetzt lagen nur noch diese freien Flächen mitten im Wald. Schachten waren wie riesige Augen, die aus der Schönheit des Waldes in die Weite des grenzenlosen Himmels blicken wunderschön bunt zu jeder Jahreszeit. Die Natur ging in dieser Gegend sehr spendabel mit ihren Reizen um. Unendlich viele Blumenarten kämpften an diesem Logenplatz der Natur um ein bevorzugtes Plätzchen.

Beide gingen weiter...

Christian, in Gedanken versunken:

Wie habe ich eigentlich reagiert, als Nadine vorhin die Fee erwähnte? Ich antwortete so, als ob Schnuppe tatsächlich existieren würde,…ohne zu überlegen. Was ist bloß los mit mir?

Auf eine seltsame Weise hat sich alles verändert. Es gehen nicht mehr ein Kind und ein Erwachsener durch diesen Wald. Es ist beinahe so, als gehen zwei Kinder nebeneinander her. Nur eines der beiden Kinder ist eben schon etwas älter und größer. Aber was macht das schon? Es ist herrlich mitzuspielen,... wieder Kind zu sein. In Gedanken danke ich meiner Tochter tausendmal. Sie hatte mir die Tür geöffnet, die Tür zur verlorenen Kindheit.

Es musste wohl schon Nachmittag sein, als sie sich ihrem Ziel näherten. Der sogenannte „***Ruckowitzschachten***" breitete sich still und wunderschön vor ihnen aus. Hunderte von Schmetterlingen tanzten ihren Reigen über das Reischgras, Borstgras, Wollgras oder Seegras dieser Wiesenfläche. Verschiedene Libellenarten und anderes Getier flogen zwischen unzähligen Arten von Blumen und Gräsern um die Wette. Arnika, Hunds-Veilchen, Wald-Weidenröschen oder Drachenwurz mussten sich ihren Lebensraum mit Rosmarinheide, Heidelbeer-Sträuchern und anderen wundervollen Pflanzen teilen, die ebenfalls auf ihr eigenes Grundrecht bestanden. Dazwischen lagen vereinzelt, vom Sturm gefällte, Baumriesen. Diese moderten langsam vor sich hin. Entwurzelte Fichten, mattgrüne, sterbende Bergahorne und vom Blitz gespaltene Buchen hatten ihren Kampf gegen das raue Bergklima verloren.

Ganz unscheinbar, im Schutze der abgestorbenen Bäume waren die hellgrün leuchtenden Spitzen nachwachsender Jungbäume zu erkennen. Das ***Entstehen***, das ***Sein*** und das ***Vergehen*** im Kreislauf der Natur. Schwarze Waldameisen und Kupferkäfer fanden in den morschen Bäumen ihre Unterkunft oder leicht zu beschaffendes Baumaterial.

Ein paar aufgeregte Grashüpfer ergriffen die Flucht, als sich ihnen die unbekannten Wanderer näherten. Für die Heuschrecken waren es bedrohliche Riesen. Doch Nadine und Christian kamen sich selbst wie kleine Zwerge inmitten dieser gewaltigen Kulisse vor. Süßlicher Duft lag in der klaren Sommerluft. Man konnte diese Gegend beinahe mit Kanada vergleichen. ***Natur, Natur,…nur Natur***!

Den Namen Ruckowitzschachten trug dieser Ort, da er an einem versteckten Bergrücken lag,…Bergrückenwiese am Falkenstein. Die leicht ansteigende Waldwiese wurde rundherum von dunkelgrünen Tannen umschlossen, wie zwei schützende Hände, die einen Kreis bilden. Doch als sie die ersten Schritte in diesen Kreis taten, bemerkten sie, dass es viel mehr als nur eine Wiese war. Es war das Paradies! Ja, hier war das Paradies. Und nirgendwo sonst.

Schnell war die richtige Stelle gefunden, an der das Zelt aufgeschlagen wurde. An der obersten Stelle, ganz dicht an den Waldrand gedrängt, bauten die beiden ihr Lager auf. Von hier hatte man einen wunderschönen Blick zum höchsten Berg des Bayerischen Waldes, den ***Arber***. Ein toller Aussichtspunkt!

Der „Ruckowitzschachten“ war wahrlich ein gigantisches Auge des Waldes, das in den tiefblauen Tag sah. Ein Auge der Natur, das den Besuchern die Augen im Herzen öffnete. Sie konnten verstehen. Sie befanden sich in der Natur…und die Natur befand sich in ihnen…

Der Tag suchte langsam sein Ende. Die Nachmittagssonne war zwar noch angenehm warm, aber ein paar Decken würden nicht schaden. Bald kühlte es ab und da brauchte man in dieser Höhenlage schon etwas Wärmendes. Um auf „Nummer sicher“ zu gehen, sammelten die beiden noch etwas trockenes Holz für ein Lagerfeuer. Nadine suchte kräftig mit und verglich die gefundenen Äste mit allerlei Dingen. [1]

„Schau mal Paps. Der Ast da sieht aus wie ein fliegender ***Frosch***.“

„Nun mal langsam Nadine! Frösche können gar nicht fliegen.“

„Doch! Wenn sie springen. Zwar nur kurz, aber sie fliegen…und der da sieht aus wie du!“

„Warum das denn?“

„Oben und unten ist er dünn und in der Mitte dick, wie dein Bauch!“

„Jetzt reicht` s aber, du ***Frechdachs***.“

Christian bückte sich um ein paar Tannenzapfen und Nadine sprang hinter den nächsten Baum in Deckung.

Im Nu entbrannte eine „***Tannenzapfenschlacht***“, die sich gewaschen hatte. Beide warfen, was das Zeug hielt. Das Kampfgeschrei hallte laut durch den Sommerwald. Nach einer Weile ging das Gebrüll langsam in ein gewaltiges Gelächter über. Nadine startete den letzten Großangriff. Voll beladen mit Zapfen lief sie auf Christian zu. Dabei nahm sie ihn unter Dauerfeuer. Dieser sprang ihr entgegen, um sich zu verteidigen. Beide lande-

---

[1] **Lieber Leser.** Feuer machen oder ähnliches ist im ***Nationalpark Bayerischer Wald*** selbstverständlich strengstens verboten. Bitte ahmen sie diese frei erfundene Situation keinesfalls nach. Es besteht zu jeder Jahreszeit erhebliche Waldbrandgefahr! Was jedoch wäre ein Märchen ohne ein romantisches Lagerfeuer? Ich bitte um ihr Verständnis.

ten im weichen Moos. Lachend und kichernd umarmten sie sich. Sie drückten sich so fest aneinander, wie sie nur konnten.

„Paps?"

„Ja, Nadine."

„Ich hab dich lieb."

„Ich dich auch."

Im Traum vereint

Die Luft hatte sich abgekühlt. Die Sonne war hinter den Bergen verschwunden. Beide saßen am Lagerfeuer vor dem Zelt im dichten Gras. Sie redeten über Allerlei. Nadine wollte diese und jene Geschichte hören. Sie war aufmerksam im Schein der Flammen. Von Zeit zu Zeit knisterte das Holz ihrer kleinen Feuerstelle und es tanzten glühende Funken in den Nachthimmel. Nach einer Weile stellte sie eine außergewöhnliche Frage.

„Wenn man später mal sterben muss Paps, kommt man dann da oben hin?"

Nadine sah zu den funkelnden Sternen hoch, die zu tausenden über ihnen blitzten, wie Diamanten so hell und so klar.

„Ganz bestimmt mein Schatz. Vor allem, wenn man ein guter Mensch gewesen ist."

„Und wenn man nicht immer so brav war?", fragte sie besorgt.

Nadines Blicke wanderten erneut himmelwärts. Über ihnen befand sich der ***„große Wagen"***. Ihr ***Onkel Markus***, der bei der Marine gewesen war, hatte ihr dieses Sternenbild gezeigt.

Das schräge Viereck des Wagens und die Deichsel. Knapp über dem mittleren Stern der Deichsel befindet sich noch ein kleiner, schwach

leuchtender Stern, hatte er damals zu ihr gesagt. Das ist das ***„kleine Reiterlein"***.

Nadine fand diesen Vergleich sehr komisch.

„Je mehr Gutes die Menschen in ihrem Leben getan haben, umso heller ist der Stern, von dem sie später auf die Erde herunter blicken.", fuhr Christian fort.

„Menschen handeln im Leben oft sehr falsch, tun schreckliche Sachen. Wenn sie aber bereuen, was sie getan haben, bekommen sie trotzdem einen Platz dort oben. Da bin ich mir sicher! Der Stern, auf dem sie sitzen wird vielleicht nicht ganz so hell strahlen, aber sie werden ihren eigenen Stern bekommen.“

Nadine schien mit dieser Erklärung zufrieden zu sein. Nur eine Frage beschäftigte sie noch.

„Und ich Paps?“

„Dein Stern ist noch weit, weit weg. Wenn er eines Tages auf dich wartet, wird er der hellste von allen sein. Er wird so sehr strahlen, dass du mir von deinem Licht noch etwas abgeben kannst. Genau so wie es jetzt schon ist. Du bringst Licht in mein Leben und

Das Lagerfeuer am Ruckowitzschachten.

erhellst meine Tage. Für mich bist ***du*** die gute Fee. Du verzauberst mich und machst mich hell im Herzen."

Nadine versteckte die Füße unter ihrer warmen Decke und kuschelte sich noch näher an ihren Vater.

„Sag mal Nadine, wie soll das jetzt eigentlich gehen mit deiner Freundin, der Fee? Wann kommt sie denn?"

„Weiß ich nicht so genau. Wir sollen uns, wenn wir müde sind, ruhig ins Zelt legen und schlafen, hat sie gesagt. Es kann etwas später werden. Sie kommt aber auf alle Fälle. Sie weiß ja, wo wir campen."

Beide saßen noch eine Weile vor dem Zelteingang, bis sie immer müder wurden. Der Tag war anstrengend gewesen und sie beschlossen, sich in ihre kleine Behausung zurückzuziehen. Ein grünes Igluzelt. Gerade groß genug für zwei Personen. Wie gut, dass sie es am Nachmittag zeitig vorbereitet hatten. Als sie den Reißverschluss des Zeltes öffneten, war für die Nacht alles zu recht gelegt. Selbst die beiden Schlafsäcke waren halb geöffnet. Sie mussten nur noch hineinkriechen. Auf dem Kopfteil des kleineren lag „Fips", der Kuschelbär. Er schien schon tief zu schlafen. Sie schlichen leise in ihr Nachtquartier.

Nadine sprach halb im Schlaf noch ihr Nachtgebet und wurde zunehmend ruhiger. Christian streichelte ihr noch eine Weile durch die Haare. Diese Berührungen liebte sie sehr. Dabei konnte sie noch schneller einschlafen.

Der Nachtgesang eines ***Käuzchens*** war zu hören. „***Uh-uh-uhhh***." Es klang ***uhu***-unheimlich.

Bevor Nadine endgültig in ihren tiefen Schlaf versank, sagte sie noch einen letzten Satz zu Christian:

„Und denk daran,…du musst an die Fee wirklich glauben,…sonst kann sie nicht kommen...!"

„Ja, Nadine, ich glaub´ an sie. Schlaf ein und träum was Schönes!“

Nach dem „***Gute-Nacht-Kuss***“ kehrte Ruhe ein. Nadine war eingeschlafen.

Von draußen hörte man das Zirpen der ***Grillen***. Es klang wie ein gleichmäßig monotones Konzert ohne Anfang und Ende.

Auch Christian schlief ein paar Sekunden später tief und fest.

„Paps, bist du das? Paps, hörst du mich? Bitte antworte!“

Von weitem hörte Christian eine Stimme. Sie war ihm sehr vertraut, da er sie schon oft gehört hatte. Es war …Nadine! Was war hier los? Träumte er, oder war er wach?

„Paps!“

Noch einen kurzen Augenblick überlegte Christian, ob er sich nun in einem Traum befand, oder ob das alles Wirklichkeit war…Dann wurde dieser Gedanke losgelassen und er ließ sich treiben. Er hatte in früheren Träumen folgende Erfahrung gemacht:

Wenn es dir bewusst wird, dass du träumst und du versuchst, darüber nachzudenken, wachst du auf. Möchtest du an einem Traum krampfhaft festhalten, oder ihn unbedingt zu Ende träumen, so wirst du noch schneller wach.

Diesen Fehler wollte er auf keinen Fall begehen. Noch immer die Augen fest geschlossen, antwortete er mit unsicherer Stimme.

„Ja,…ja, ich höre dich.“

„Paps, gib mir deine Hand.“

Christian ließ sich weiter treiben, geradezu fallen… Er versuchte nicht, die Augen zu öffnen. Er erinnerte sich an Nadines Worte und vertraute ihr. Entspannung! Deutlicher formte sich nun eine

Art von Bild in seinem Geiste. Noch immer hatte er die Augen fest geschlossen. Er ließ sich fallen,… immer weiter und weiter,… schemenhafte Umrisse wurden jetzt sichtbar,… und weiter, weiter,… Formen und Farben,… und weiter,… er nahm Gerüche und Düfte wahr,… weiter, weiter,… er glaubte eine kleine Gestalt vor sich zu sehen,… ruhiger, tiefer, weiter,… er meinte die Person zu erkennen,… weiter,…seine **Tochter**! Ja, jetzt sah er Nadine ganz deutlich. Es war ein klares Bild vor seinen Augen. Tatsächlich! Seine Tochter. Sie stand leibhaftig vor ihm. Voller Freude strahlte sie ihn an und hielt ihm ihre kleine Hand entgegen.

„Paps, du hast es geschafft. Du hast es wirklich geschafft. Ich bin so stolz auf dich!“

Was Christian da erlebte, war kaum zu fassen. Unglaublich! Er war innerlich so aufgewühlt, wie nie zuvor. Das konnte doch alles gar nicht sein. Unsicher sah er sich um und erblickte vor sich die gewohnte Umgebung und…die Hand seiner Tochter. Sie streckte sie ihm immer noch entgegen. Er nahm sie…und ja,… ja, er spürte sie tatsächlich auch. Es war wirklich wahr!

Noch nie hatte ihn ein Händedruck so tief berührt.

„Paps, du hast den kleinen Jungen in dir gefunden,…und dieser hat dir den Weg zu mir ermöglicht. Jetzt siehst auch du mit dem Herzen. Um die Dinge zu verstehen, müssen deine Augen nicht geöffnet sein. Dein Herz versteht mehr, als du denkst. Um einen Freund zu erkennen, müssen deine Augen auch nicht geöffnet sein. Du erkennst ihn ebenfalls mit dem Herzen. Jetzt weißt du, was es heißt, blind zu vertrauen. Ich bin ein Kind und mir fällt blindes Vertrauen noch leicht. Dir Paps, vertraue ich blind! Und du hast es auch geschafft, mir blind zu vertrauen. Du hast deinen Geist geöffnet und dabei deine verlorenen Träume und dein blindes Vertrauen wieder gefunden. Du hast dich fallen lassen und jetzt bist du hier bei mir. Jetzt, Paps, siehst auch du mit dem Herzen.“

Es war wirklich wahr! Christian erlebte einen Traum als Realität. Nicht nur in seinen Gedanken. Nein! Mit allen Sinnen. Und das Schönste war, er erlebte diesen reellen Traum gemeinsam mit seiner Tochter. Wie war das nur möglich? Ein Geschenk des Himmels!

Waren Märchen wirklich wahr?

Die Fee Schnuppe

„Keine Angst! Bleib ganz locker! Ich bin ja bei dir, Paps.“

Vater und Tochter sahen einander an, als hätten sie sich noch nie gesehen. Ob irgendjemand so etwas schon mal erlebt hatte? Schwer zu sagen.

„Ja, mein Schatz. Ich bin ganz locker. Kannst du mir trotzdem sagen, was hier los ist?“

„Nein. Ich weiß nur, es ist total abgefahren!“

Wo seine Tochter nur diese Ausdrücke immer her hatte? Furchtbar! Doch Recht hatte sie. Es war wirklich abgefahren. Voll krass!

Mein Paps schaut ganz schön bescheiden, dachte Nadine. Der hat noch mehr Angst als ich. Aber ich glaube, da steckt bestimmt Schnuppe dahinter. Wo sie wohl ist?

Christian überlegte einen Augenblick:

Sehe ich im Traum Gegenstände oder eine Person, so kann ich diese normalerweise nicht berühren. Es kann nichts gefühlt werden. Es ist nicht greifbar,…nicht waschecht. Doch das hier ist anders. Soweit ich es beurteilen kann, ist alles echt,…wirklich,…ich kann es nicht verstehen...

Noch immer etwas benommen richtete er sich im Zelt auf und kniete sich neben Nadine. Es fiel ihm auf eine seltsame Weise ganz leicht. Er fühlte sich nur halb so schwer. Wie von einer Last befreit. Halb fliegend. Gebannt blickten beide zum Eingang ihrer Unterkunft. Sie waren neugierig, was als nächstes kommen würde.

„Gott sei Dank, Nadine, bist du da“, dachte Christian. „Eigentlich sollte es ja umgekehrt sein. Ich sollte dir deine Angst nehmen." Doch heute Nacht ist alles anders."

Noch immer hielten sich beide an den Händen. Zaghaft und sehr vorsichtig öffneten sie den Reißverschluss ihres grünen Igluzeltes. Christian sah, wie ein winziger Wassertropfen an der Innenseite der Zeltplane von oben nach unten flüchtete. Das kam bestimmt von der Feuchtigkeit, die sie ausatmeten. Die kleine Wasserkugel hatte es ganz schön eilig. Ob sie auch Angst hatte? Vorsichtig schoben sie die Eingangsplane zur Seite.

Christian blickte verwirrt zu Nadine. Deren Mund war weit geöffnet. Ihren Augen erging es nicht anders. Es war ein Wunder, dass sie nicht aus ihren Höhlen sprangen. Unbeweglich hielt sie immer noch mit ihrer rechten Hand die Zeltplane, wie zur Salzsäule erstarrt. Die linke Hand verkroch sich schützend in der rechten Hand ihres Vaters. Hypnotisiert blickte sie nach draußen. Vor ihnen stand...***Schnuppe***!

„Tja, ich möchte euch nur ungern unterbrechen. Aber die Nacht ist kurz. Ihr habt wohl noch nie eine richtige Fee gesehen. Na ja, es gibt ja auch nicht mehr viele."

Sie waren sprachlos. Ohne Worte. Ohne Atem. Atemlos.

„Darf ich mich vorstellen. Mein Name ist ***Schnuppe*** und ich bin die Fee vom Falkenstein. Alle meine Freunde rufen mich so. Ihr dürft mich ebenfalls so nennen, da ihr von nun an auch zu meinen besten Freunden gehört. Schließlich habt ihr den weiten Weg extra wegen mir gemacht.

Erst als Schnuppe zu sprechen angefangen hatte, wechselte Christians Blick von seiner Tochter zur Fee. Welch seltsame Stimme sie hatte. Zum einen meinte man, es spräche ein Kind. Andererseits hörte es sich wie eine singende Frauenstimme an. Kindfrau! Ob es dieses Wort gab?

Er zwinkerte ein-, zweimal kräftig, doch es nützte nichts. Als er sich hilflos die Augen reiben, oder sich am besten selber kneifen wollte, unterbrach das hell erleuchtete kleine Wesen vor ihnen erneut das Schweigen.

„Hallo Nadine“, sprach Schnuppe. „Du kennst mich ja schon. Wir haben uns vor kurzem in deinem Kinderzimmer gesehen.“

„H H Hallo Schnuppe“, hauchte Nadine, noch immer völlig verblüfft. „Ja, ich bin Nadine und das da ist mein Paps.“

„Ich weiß Nadine. Ich kenne deinen Vater von früher, als er noch ein kleiner Junge war und in einem Bettchen wie dem deinen geschlafen hat. Der ist ganz schön gewachsen…“

Schnuppe warf einen prüfenden Blick in Christians Richtung. Anscheinend wollte sie sehen, was aus ihm im Laufe der Zeit geworden war. Dann fügte sie hinzu...

„…er scheint aber ganz in Ordnung zu sein.“

„Das ist er auch“, antwortete Nadine selbstsicher.

Das kleine Wesen, das sich vor Tochter und Vater befand war eine äußerst hübsche Erscheinung. Höchstens halb so groß wie Nadine. Das Licht, das sie umgab, war wie eine Beleuchtung von hinten. Trotzdem flutete es aus ihrem Inneren. Schwebend befand sie sich höchstens einen Meter vor ihnen, knapp über dem Boden. Zwei kleine libellenartige Flügel flirrten in ständiger Bewegung und erzeugten einen hellen feinen Ton. Der Körper der Fee war mit einem schneeweißen Kleid bedeckt, wie es wohl nur Prinzessinnen tragen. Auf ihm befanden sich glitzernde, bunt leuchtende Punkte in allen fröhlichen Farben dieser Welt. Grün. Blau. Gelb. Rot. Lilla. Orange…Kein Maler dieser Welt hätte sie bunter malen könnte. Pulsierend blinkten diese Farben in unregelmäßigen Abständen. Schnuppe strahlte hell wie die Sonne. Nadine und Christian waren geblendet und konnten kaum sehen. Der Boden, über dem sie schwebte und einige Bäume der Umgebung waren hell erleuchtet. Sie war von solch eleganter Schönheit, dass es einem die Sprache verschlug. So vornehm, zierlich und zerbrechlich. Trotzdem war da ein Gefühl der Sicherheit und Stärke. Christian musste beim Anblick dieses fantastischen Geschöpfes sofort an einen Engel denken.

„Ja,… so müssen ***Engel*** aussehen. Genau so…“

„Schön, dass ihr da seid. Ich habe mich schon gefreut. Ich wusste ja nicht, ob ihr es bis zu mir schafft. Ist nicht ganz einfach, den Weg zu mir zu finden. Viele haben es schon probiert, aber dann doch nicht geschafft. Der Schlüssel sind die ***Träume***, der ***Glaube*** an das ***Gute*** und ***Vertrauen***. Ihr beide habt diesen Schlüssel gefunden und mich damit sehr glücklich gemacht. Ich bin stolz auf euch, denn ihr seid etwas Besonderes,... genau wie ich.“

Die tiefe Nacht lag wie ein schwarzer Schleier über dem Schachten im Hochwald. Die angenehme Wärme des Tages war der kühlen Nachtluft gewichen. Christian lief ein Frösteln über den Rücken. Auch Nadine hatte Gänsehaut an ihren Unterarmen. Ihr Vater konnte es im Schein des Mondes gut erkennen. War es die Kälte,…oder…war es einfach nur Angst?

Schnuppes rundes Gesicht hatte die Farbe von hellem Elfenbein. Nase und Ohren waren ein wenig zu klein geraten. Dafür waren der Mund und die Augen eher ein wenig zu groß geraten. Dennoch passte alles perfekt zueinander. Sie war einfach nur schön. Fröhlich grinsend fuhr Schnuppe fort…

„Ich habe euch zu mir gerufen, da ich euere Hilfe brauche. Doch wie ihr mir helfen könnt, erzähle ich euch später. Jetzt möchte ich euch erst mal mein kleines Reich zeigen. Habt ihr Lust, mich nach Hause zu begleiten?“

Die beiden Träumer versuchten, ihre Stimme wieder zu finden.

„Ja!“

Die Fee Schnuppe ist da.

„Dann folgt mir.“

Schnuppe warf ihre Blicke über die beiden Zeltbewohner hinweg. Mit einer nickenden Kopfbewegung deutet sie auf die Rückseite des Zeltes. Neugierig krochen Nadine und Christian aus ihrer Behausung. Schnuppe befand sich nun noch näher vor ihnen und wirkte, da sie standen, noch kleiner als zuvor. Sie drehten sich um und folgten ihren Blicken…

„Was ist das denn?“, fragte Christian voller Überraschung.

„Das ist ***Glühbi***.“

„Glühbi?“

„Ja, mein Freund Glühbi."

Erst jetzt bemerkten die beiden, dass sich auf der Rückseite des Zeltes ein ebenfalls hell leuchtendes, größeres rundes Ding niedergelassen hatte. Es war, wie die Fee, von einem hellen Leuchten umgeben. Doch obwohl dieses leuchtende Etwas viel größer als Schnuppe war, strahlte sein Licht etwas schwächer.

„Er ist ein fliegendes Riesenglühwürmchen.", fuhr Schnuppe fort. „Ich bin auf weite Strecken zu langsam. Glühbi hilft mir, flotter voran zu kommen. Die Menschen haben doch auch Fahrräder und Autos, um schneller zu sein. Ich habe Glühbi. Er ist mein Freund und Helfer…und" fügte sie nach kurzem Zögern hinzu „er bringt mich in kürzerer Zeit zu den Kindern. Das ist sehr wichtig für sie und mich."

„Und wohin sollen wir fliegen?", fragte Nadine und nickte dabei, ähnlich wie zuvor die Fee Schnuppe, in Glühbis Richtung.

„Lasst euch überraschen. Ihr werdet es nicht bereuen. Ich zeige euch meine Freundinnen und wo ich wohne. Habt nur Mut, es kann euch nichts passieren. Solltet ihr jedoch Zweifel an mir haben, oder kein Vertrauen mehr, so werde ich euch jeder Zeit aus eueren Träumen entlassen und alles ist vorbei. Es kann und wird euch nichts geschehen. Ihr werdet unbeschadet erwachen. Alles muss freiwillig sein und von Herzen kommen. Glauben kann man nicht erzwingen. Er muss geschenkt werden,…Glauben schenken, nicht erzwingen. Ein wenig Mut ist das Einzige, was ihr braucht."

„Doch jetzt, wenn ihr wollt, kommt mit."

Glühbi erwartete das ungewöhnliche Trio bereits. Die Fee flog als erste voraus. Wieder hörten sie diesen feinen Ton der surrenden Libellenflügel.

Christian und Nadine folgten hastig, um ihr „Nacht-Taxi" nicht zu verpassen.

Mit ihren dünnen, von sich gestreckten Armen, balancierte Schnuppe die Flugrichtung aus. Nadine musste an ein Peter Pan Bild denken, das sich auf einer ihrer Videokassetten zu Hause befand. Schnuppes Finger bewegten sich während des Fluges anmutig, als ob sie ein unsichtbares „***Nachtorchester***“ dirigieren wollte. Die schlanken Beine waren stramm geschlossen. Wie Soldatenbeine, standen sie ausgestreckt nach hinten weg. Als sie Glühbi erreicht hatte, nahm sie wie eine Rodeoreiterin auf seinem buschigen Kopf Platz. Mit einem leichten Brummen blickte dieser gemütlich in ihre Richtung.

„Hallo, da bin ich wieder!“, begrüßte Schnuppe lächelnd ihren behaarten Freund.

Dieser antwortete mit einem freudigen “***Brummbrumm***“.

Dabei fuhr sie ihm kräftig durch seine langen Zotten. Glühbi genoss sichtlich die Streicheleinheit und bedankte sich mit einem mehrfachen „***Brummbrumm***“ freudestrahlend bei ihr. Anschließend blickten beide erwartungsvoll zu ihren Begleitern, die in kurzem Abstand gefolgt waren. Nadine und Christian standen vor Schnuppes leuchtenden Freund. Sie waren beeindruckt.

„Seht ihr? Das ist Glühbi! Ist er nicht lieb? Fühlt mal, wie kuschelig er ist. Leider spricht er nicht euere Sprache. Er redet in seiner ganz speziellen ***Leucht- und Brummsprache,*** die nur ich verstehen kann. Diese eine Nacht ist viel zu kurz, um sie euch zu lernen. Ihr müsst Glühbi gut zuhören, dann könnt ihr seine Worte auch ein wenig verstehen. Hören und sehen mit dem Herzen. Es wird schon funktionieren. Ganz bestimmt!“

Glühbi war höher als ein Pferd. Sein Kopf so groß wie ein Hüpfball…und genau so rund. Auf seiner Oberseite standen zwei antennenartige Fühler weit nach oben weg.

„Kommt! Er tut euch nichts! Es wird höchste Zeit zu starten.“

Freundlichkeit strahlte aus Glühbis Gesicht...verständnisvoll...mit großväterlich gütigem Ausdruck. Eine kleine unscheinbare Nase, leicht rötlich, war nur andeutungsweise zu erkennen. Seine Ohren, klein und keck, wie bei einer Fledermaus. Die Augen, tiefschwarz und sehr geheimnisvoll, seidig glänzend. Ohne sichtbare Pupillen. Augenbrauen und Wimpern waren schwer von den übrigen Zotten zu unterscheiden. Dafür hatte er einfach zu viel Bewuchs. Sie waren lediglich eine wenig dunkler um die Augen gefärbt. Ein wahrer Urwald wucherte über seinem gesamten Körper, Zotten über Zotten. Nicht einmal Nadines gelbes Stofftier „Fips" konnte da mithalten.

Glühbis Rumpf war wie ein riesiges Fass auf dem Oktoberfest. Auch in der Form ähnelte es diesem. Ziemlich groß und ein längliches Oval.

Das Fell mindestens zweimal so lange, als jenes in seinem Gesicht. Wäre Schnuppe nicht tollkühn auf Glühbis Kopf gelandet, so wäre sie bestimmt in seinem Körpergestrüpp zur Hälfte versunken.

Glühbis Flügel unterschieden sich allerdings vollständig von Schnuppe. Groß, wie zwei riesige Tennisschläger, hingen sie, da sie jetzt im Ruhezustand waren, schräg nach unten. Schwarzer Flaum bedeckte dicht die Oberfläche. Es waren dunkle Tragflächen aus Samt.

Glühbis vier Beine wurden durch die nach unten hängenden Flügel teilweise verdeckt. Man sah nur, dass seine Schenkel sehr dünn und ebenfalls kaum behaart waren. Dass sie sein Gewicht dennoch trugen, war nur schwer zu verstehen.

Christian musste Nadine beim Aufsteigen ein wenig helfen. Er hob sie mit einer schwingenden Bewegung auf seine Schultern hoch. Den Rest schaffte seine Tochter alleine. Sie krabbelte durch Glühbis Fell und nahm dicht hinter der Fee Platz.

Der Flug mit Glühbi zur Feenhöhle.

Christian war gerade noch groß genug, um den Aufstieg ohne fremde Hilfe zu bewältigen. Er zog sich an Glühbis Haaren wie an einem Seil hoch und setzte sich dicht hinter Nadine. Sorgsam legte er beide Arme um sie. Er wollte sie beschützend festhalten, sobald der Flug beginnen würde. Als es sich alle drei auf Glühbis flauschigen Körper gemütlich gemacht hatten, startete dieser in eine tiefe Finsternis.

Mit Glühbi durch die Nacht

„Alle Mann festhalten! Wir starten!“

Schnuppe flüsterte Glühbi etwas leise ins Ohr und schnippte anschließend zweimal kräftig mit den Fingern der rechten Hand. Dieser reagierte postwendend. Seine schwarzen Samtflügel begannen zuerst langsam und dann immer schneller zu schlagen. Riesige Ruderbewegungen, die einen starken Wind erzeugten und den Staub um sie herum aufwirbelten.

„Ich glaube, jetzt geht's los“, schrie Nadine ihrem Vater aufgeregt zu.

„Natürlich geht's jetzt los“, unterbrach Schnuppe die beiden, noch bevor Christian seiner Tochter antworten konnte.

Schließlich hoben sie mit einem insektenartigen Geräusch langsam ab. Die drei Fluggäste hielten sich an Glühbis langer Mähne gut fest. Sie gab ihnen Halt und Wärme gleichzeitig. Der Flug wurde höher und höher. Unter sich konnten sie noch, klein wie ein Puppenhaus, das grüne Igluzelt und Glutreste ihres Feuers erkennen. Als sie sich knapp über den Baumwipfeln befanden, drehte Glühbi sanft ab und flog schwebend über das unendlich scheinende Waldmeer. Schneller und schneller wurde sein Flug. Mit einem lauthals gerufenen „***Hurraaa***“ wurden sie schließlich von der unendlichen Nacht verschlungen.

Ohne Licht hätten sie sich unweigerlich verirrt. Doch das Gebiet unter ihnen war durch den hell strahlenden Mond und durch das funkelnde Sternennetz gut beleuchtet. Nadine konnte abermals den großen Wagen erkennen, den sie zuvor mit ihrem Vater bewundert hatte. Er stand unverändert an seinem alten Platz und wartete auf seine nächste Reise. Wohin sie wohl ging? Schnuppe und Glühbi gaben zusätzlich einen zarten Schein an ihre Umgebung ab. Dieses Licht war ausreichend.

„Schau mal Paps!“, rief Nadine begeistert. „Ist es hier nicht wunderschön? Ich habe so etwas noch nie gesehen.“

Christian konnte seiner Tochter nur sprachlos zustimmen. Von seinen Gefühlen überwältigt, nickte er stumm.

Riesige uralte Bäume reckten sich ihnen entgegen, als ob sie mit ihren spitzen Händen nach ihnen greifen wollten. Glühbi flog jedoch ohne Probleme über sie hinweg. Bächlein und mehrere kleine Wege waren tief unter ihnen zu erkennen. Sie glänzten wie Silberstreifen im Mondenschein. Ein paar Rehe blickten verwirrt zum Himmel, als sie Glühbi surrend vorbeifliegen hörten. Sobald sie jedoch das unheimliche Flugobjekt erspäht hatten, flüchteten sie scheu ins schützende Unterholz.

Nach einer Weile lag wenige Meter unter ihnen eine freie Fläche mit zahlreichen Felsen. Glühbi verminderte Geschwindigkeit und Flughöhe. Zielstrebig schwebte er darauf zu.

„Wisst ihr, wo wir jetzt sind?“, rief die Fee ihren Passagieren nach hinten zu.“

Christian blickte an Glühbis fülligen Körper vorbei, steil nach unten. Auf einer großen viereckigen Steinsäule entdeckte er ***ein eisernes Kreuz mit einer Kristallglaskugel*** in der Mitte. Zart reflektierte diese Kugel die Lichter der Sternennacht.

Auf einer angrenzenden Fläche mit wenigen Bäumen entdeckte er schließlich, wonach er gesucht hatte. Die ***Schutzhütte*** des „Großen Falkensteins“. Sogar bei Nacht, konnte man das leuchtend rote Blechdach dieser gemütlichen Berghütte erkennen. Christian war dort schon viele Male zu Gast gewesen. Jedes Jahr stattete er ***Peter***, dem netten Hüttenwirt, mehrmals einen Besuch ab. Dieser empfing ihn stets freundlich. Seine Gäste verköstigte Peter mit selbst gemachter Erbsensuppe und mit Riesenschweinebraten. Er erfreute sich, durch seine gemütliche Art, größter Beliebtheit. Man konnte sich in dieser Hütte, umgeben von rauer Wildnis, immer wieder wohl fühlen und ein schützendes Quartier finden.

„Ich glaube, das ist der Gipfel des großen Falkenstein“, antwortete Christian.

„Stimmt genau“, erwiderte Schnuppe.

Flackernde Lichtpunkte waren massenhaft von den umliegenden Tälern herauf wahrzunehmen. Unzählige Straßenlaternen und noch mehr Häuser. Ein Bild, als ob sich die Sterne des Himmels auf der Erdoberfläche spiegeln würden. Aber es waren keine Himmelslichter. Das Leuchten kam von den umliegenden Ortschaften ***Kreuzstraßl***, ***Lindbergmühle***, ***Lindberg***, ***Zwiesel*** und ***Rabenstein***.

Am vorderen Ende des Gipfels befand sich ein graues Metallgeländer, hinter dem eine Felswand steil in die Tiefe abfiel. Viele Meter ging es an dieser Stelle nach unten. Für Wanderer völlig unerreichbar.

Glühbi hielt in seinem Flug genau darüber inne. Langsam begann er, an der Felswand entlang, abwärts zu schweben. Tiefer und tiefer glitt er dicht am Gestein fliegend nach unten. Als sie schon viele Meter zurückgelegt hatten und die Felsen des Gipfels schon weit über ihnen waren, hielt Glühbi erneut an.

Vor ihnen wurde eine mannshohe Öffnung im Fels sichtbar. Glühbi stoppte seinen Flug unmittelbar davor. Diffuses Licht drang, wie durch Milchglas scheinend, aus dieser Öffnung. Auf einem schmalen Absatz links und rechts des Höhleneinganges befanden sich lediglich ein paar alte Tannen, die kaum Platz hatten, um ihre Wurzeln in den Stein zu krallen. Dennoch verharrten sie,…stark und ungebrochen. Dicht an den Berg gedrängt, hatten sie in dieser rauen Einsamkeit nicht viel zu lachen und mussten ein armseliges Dasein führen, ein Leben voller Entbehrungen, in Stille und Abgeschiedenheit.

„Hörst du das auch Paps?“

„Ja Nadine.“

Aus dem Inneren der Bäume drangen aufgeregte Stimmen. Seltsames Stimmengewirr,...unverständlich geschwatzt und fremdartig hölzern.

„Ach das?“, erklärte Schnuppe, „Das sind unsere ***Wächter***.“

Jetzt erst konnten sie erkennen, woher die Stimmen genau kamen. An den Bäumen befanden sich faustgroße Tannenzapfen. Äußerlich sahen sie aus, wie ihre kleinen stummen Brüder, denen man bei jedem Waldspaziergang begegnet. Doch diese Exemplare waren eine Mischung aus Pflanzen und Lebewesen. Sie konnten sprechen. Eine Mischung, die es eigentlich nur in Träumen gibt. Dennoch waren diese „***Lebepflanzen***“ genauso echt wie Schnuppe und Glühbi.

Nadine und Christian blickten sich ratlos an.

„Hallo Schnuppe“, sprach einer der Tannenzapfen in einer nuschelpiepsigen Sprache. „Wen hast du denn da dabei?

Die Stimme klang ein wenig streng und hatte Befehlston.

„Ach das? Das sind meine neuen Freunde.“

Mit einem lächelnden kurzen Blick nickte sie in Nadines und Christians Richtung.

„Ich habe sie zu uns geholt, da ich ihnen vertraue und weil ich glaube, dass sie stark genug sind, um uns helfen zu können. Doch jetzt, lieber ***Tano***, lass uns bitte in die Höhle. Wir werden von den Anderen schon dringend erwartet.“

Tano, der sprechende Tannenzapfen, blickte ein wenig ungläubig. Sein kleines Augenpaar, dunkelbraun und schuppig, warf einen musternden Blick auf Schnuppes Gäste.

„Bist du dir auch sicher, Schnuppe, dass wir ihnen vertrauen können?“, hakte Tano schließlich misstrauisch nach.

„Absolut!“, lautete ihre kurze Antwort. „Sie haben geschafft, was vor ihnen noch keiner geschafft hat. Das ist Beweis genug. Mach dir keine Gedanken. Ich weiß schon, was ich mache. Und jetzt, lieber Tano, melde uns bitte an.“

„Ja, natürlich“, sprach Tano, der ***Wächterzapfen*** unterwürfig und hastig in seiner Nuschelsprache. „Ich war nur etwas neugierig,…du weißt schon Schnuppe,…hier oben passiert nicht so viel,…mir ist eben auch den ganzen Abend langweilig,...außerdem, liebe Schnuppe, ist es meine Pflicht, den Eingang der Wunschhöhle zu bewachen. Schließlich möchte ich nicht umsonst die ganze Nacht hier rumhängen. Ich habe einen Auftrag und der heißt eben nun mal die Höhle zu bewachen und…“

Tano, der Wächterzapfen, wollte gerade zu einem längeren Vortrag ansetzen, als Schnuppe ihn noch einmal mit höflicher Bestimmtheit unterbrach.

„Ich weiß Tano. Du tust nur deine Pflicht. Doch jetzt lass uns bitte in die Höhle. Ich sagte bereits, die Anderen warten schon auf uns.“

Noch ein wenig murmelnd wandte sich Tano einem seiner ***„Wächterzapfenkollegen“*** zu. Mit so genuschelten Worten, dass sie kaum verständlich waren, gab er ihm die Anweisung, den Besuch anzumelden. Dieser führte sie postwendend aus. Er beugte sich, soweit es der Ast, an dem er hing, erlaubte, nach vorne. Dabei verschwand er fast gänzlich im Höhleneingang. Kurze Zeit später hörten Nadine und Christian die laut genuschelten Worte:

„Schnuppeee mit Besuuuch ist daaa!!!“

Die Wächterzapfen vor der Feenhöhle

Ein mehrfaches Echo aus dem Inneren der Höhle war zu hören.

„mit Besuch ist da,...such ist da,...ist da…"

Einen Augenblick tat sich gar nichts. Wenige Sekunden später wurde das Licht, welches anfangs nur schwach aus der Höhle strahlte, heller. Jemand schien sich zu nähern.

„Schnuppe, bist du das?"

„Ja, ***Dana***. Ich bin ein wenig später dran. Doch jetzt bin ich hier. Lass uns keine Zeit verlieren. Leg die Äste heraus, damit wir aussteigen können."

„Alles klar, Schnuppe."

Dana machte einen kurzen Griff nach hinten. Einige stärkere Äste wurden aus dem Höhleneingang gezogen. Glühbi, der noch immer brummend vor dem Eingang der ***„Wunschhöhle"*** schwebte, drehte sein Hinterteil in Richtung Höhle. Dana legte ihre Äste als Verbindung vom Fels über den Abgrund auf Glühbis Rücken. Als dieser Vorgang beendet war, rief Dana den Ankömmlingen zu:

„Alle aussteigen! Die Brücke ist fertig!"

Christian, der ganz hinten saß, kletterte als erster von Glühbis Körper. Nadine und Schnuppe folgten ihm. Nach wenigen Augenblicken standen die Drei vor der ***„Feenbehausung"***. Auf dem schmalen Sims vor der Höhle hatten sie gerade noch ausreichend Platz. Ein tiefer Abgrund gähnte vor ihnen.

In der Feenhöhle

„Darf ich euch Dana vorstellen? Sie ist ebenfalls eine Fee und meine beste Freundin."

„Hallo", sprach Dana mit liebevoller Stimme. „Willkommen in der Wunschhöhle. Dem Heim aller Feen dieses Waldes. Ich freue mich, euch kennen zu lernen. Die Anderen und ich haben euch bereits erwartet. Kommt nur herein, denn vor der Höhle ist es eh zu kalt,...und Platz ist ja auch nicht viel da draußen."

Dana hatte dieselbe Größe wie Schnuppe. Auch äußerlich waren sie sich beinahe zu hundert Prozent ähnlich. Dieselben blonden Engelshaare, dasselbe Leuchten und sogar das Prinzessinnenkleid war identisch. Nur die bunten Lichter darauf waren anders angeordnet. Es hatte den Anschein, dass dies der größte Unterschied der beiden Feen überhaupt war. Nadine dachte an Zebras, die sie einmal im Fernsehen gesehen hatte. Der Moderator hatte damals erklärt, dass jedes Zebra ein anderes schwarz-weißes Muster hat. Dadurch können sie sich besser voneinander unterscheiden. War es bei diesen bunten Lichtern am Feenkleid vielleicht genau so wie bei den Zebras?

Der Schein der beiden Feen war hell genug, um den Weg durch die Höhle gut zu erkennen. Dana flog als Erste voraus. Nadine und Christian folgten in der Mitte. Schnuppe bildete das Ende der Höhlengruppe.

Überall in der Höhle hingen milchfarbene ***Tropfsteine*** von der feuchten Decke. Das Geräusch von tropfenden und glucksenden Wassertropfen drang an ihr Ohr. Ihre Schritte erzeugten ein schabendes Geräusch auf dem sandigen Boden, das von den Wänden links und rechts als Echo wieder zu ihnen zurückkam. Massenhaft ***grüne Glitzersteine*** funkelten im Feenschein von den Seitenwänden. Wahrscheinlich handelte es sich dabei um ***smaragd-***

ähnliches Gestein. Einige Meter weiter - die Höhle wurde jetzt größer - loderten ***rote Steine*** auf ihre Besucher herab. Das war vermutlich ***Rubingestein***. Und wiederum ein paar Schritte weiter blitzelten jede Menge ***dunkelblauer Steine*** stumm vor sich hin. Vielleicht waren dies ***Opale***.

Nach diesem bunten Feuerwerk wurde der Höhlengang zusehends größer. Hatte es sich anfangs in etwa um einen mannshohen Gang gehandelt, so waren es jetzt mit Sicherheit zwei bis drei Meter Höhe. Auch kleinere Seitengänge mündeten zahlreich in diesen Hauptgang. Christian vermutete, dass diese Wege zu den Gemächern der anderen Feen führten.

Plötzlich blieb Dana ohne Vorankündigung stehen. Nadine und Christian erschraken. Viel zu sehr waren sie mit dem Betrachten ihrer Umgebung beschäftigt. Erst als sie ihre Blicke nach vorne richteten, sahen sie den Grund des plötzlichen Anhaltens. Sie waren da. Hier musste das Ziel ihrer Reise sein.

Eine riesige Felsenhalle tat sich vor ihnen auf. Sie war viele Meter hoch und wurde von einem gewaltigen halbrunden Gesteinsbogen gestützt, der wie eine Domkuppel aussah. Die Lichter, die anfangs immer nur in bestimmten Farben geleuchtet hatten, funkelten an diesem Ort in unzähligen Farben, zu tausenden, von überall auf ihre Besucher herab. Die Vielzahl der Farben sah so ähnlich aus wie die blinkenden Lichter an den Feenkleidern. Sie waren so zahlreich wie der Sternenhimmel unter dem sie noch vor kurzem saßen.

In der Mitte dieser Halle stand ein runder majestätischer Tisch aus hellem Gestein. Er war so groß, dass mit Sicherheit dreißig Personen an ihm Platz gefunden hätten. Schwer und weiß, wie ein Marmoraltar. Doch nicht alle Stühle des Tisches waren mit weiteren Feen besetzt. Viele Plätze standen leer und waren zentimeterdick mit Staub bedeckten. Als Dana, Schnuppe, Nadine und Christian diesen mystischen Ort betraten, herrschte Totenstille.

Die Feen schienen mit einer bedeutenden Aufgabe beschäftigt zu sein.

„Was ist das Paps und was machen die da?“, flüsterte Nadine so leise, wie sie nur konnte.

„Keine Ahnung. Wir verhalten uns am besten ganz ruhig, um nicht zu stören. Scheint etwas Wichtiges zu sein.“

Sieben Feen saßen an der steinernen Tafel. Alle glichen Schnuppe und Dana bis aufs Haar. Anmutig saßen sie auf hölzernen Eichenstühlen mit hohen Rückenlehnen. Jede von ihnen hatte jeweils die rechte Hand auf die Oberfläche des Tisches gelegt. Sie ruhten unbeweglich. Die Feen waren in tiefer Konzentration, so dass sie ihre Besucher noch nicht bemerkt hatten. Lange passierte nichts.

Dann begann Schnuppe zu erzählen:

„Am Anfang war die Stille. Die Natur bildete mit all ihren Lebewesen eine Einheit. Doch die Stille ging vorbei.

In diese unberührte Gegend, wie Gott sie geschaffen hatte, kamen langsam die ersten Menschen. Ihnen folgten kurze Zeit später die ersten Kinder. Ab diesem Zeitpunkt, waren auch die ersten Feen hier…

Kinder haben Träume und sind etwas völlig Unschuldiges. Ihre Gedanken kennen keinen Neid. Der Hass ist ihnen fremd. Voller Erwartung beginnen sie ihren Lebensweg mit positiven Gedanken.“

Nadine gab ihrem Vater mit dem Ellbogen einen leichten Stups in die Seite.

„Was ist los?“, flüsterte Christian äußerst leise. Keinesfalls wollte er Schnuppes Vortrag unterbrechen.

„Hast du gehört“, antwortete Nadine, „was Schnuppe über uns

Kinder gesagt hat. Wir sind wichtig…und brav. Du behauptest immer, ich wäre ein Teufelsbraten.“

Mit einer abwärts winkenden Bewegung versuchte Christian, Nadine zum Schweigen zu bringen. Es gelang.

„Doch bleiben wir bei den Träumen.“, fuhr Schnuppe fort.

„Wir Feen haben die Aufgabe, den Kindern gute Gedanken und schöne Träume zu überbringen. Möglichst lange sollen sie diese guten Gedanken und Träume in sich tragen. Je länger sie von diesen Dingen begleitet werden, umso bessere Eigenschaften hat dieser kleine Mensch später als Erwachsener.“

Träume, ***Wünsche***, ***gute Gedanken***. Christian dachte, dass er mit seiner Erziehung gar nicht so falsch gelegen hatte. Auch er wollte seinem Kind diese Werte vermitteln. Interessiert horchte er weiter zu.

„Nach einiger Zeit, als die Kinder in dieser Gegend immer mehr wurden, wurden auch die Feen immer mehr. Jede Fee kann nämlich nur eine bestimmte Anzahl an Kindern in ihre „***Traumobhut***“ nehmen um sie zu beschützen. Ihre Kraft ist begrenzt.“

„So kam es eines Tages, dass dieser große, runde Tisch, den ihr in der Mitte des Raumes seht, voll mit Feen besetzt war. Jede einzelne von ihnen hatte die Aufgabe, die ich euch gerade erklärt habe.“

Nadine blickte skeptisch zu Schnuppe. Mit dem Zeigefinger der rechten Hand deutete sie zu den Feen, die am steinernen Tisch saßen.

„Und wieso sitzen da nur so wenige Feen am Tisch?“

Schnuppe schmunzelte ein wenig. Mit ruhiger Stimme sprach sie weiter.

„Wir Feen können unheimlich alt werden. Manche von uns sind

schon so alt, dass sie selbst nicht mehr wissen, wie lange sie schon leben. Es ist sehr wichtig, dass wir so alt werden dürfen. Nur alle ***99 Jahre*** wird uns eine neue Fee vom lieben Gott persönlich gesendet. Würden wir nur so alt wie Menschen werden, wären wir sozusagen vom Aussterben bedroht.

Es ist heutzutage ohnehin schwierig genug für unser Feenvolk. Wir leben in einer Zeit, in der nur noch wenige Menschen Illusionen haben. Wahre Werte findet man nur noch selten. Kein Mensch glaubt an uns. Kinder verlieren ihre Träume immer schneller. Sie sitzen nur noch vorm Fernsehen oder ihren Computern. Geschichten werden immer weniger erzählt,...und wenn, dann glaubt in dieser modernen Zeit ohnehin keiner mehr an ihren Inhalt.

Doch genau so wichtig, wie die ***guten Träume*** für die Kinder sind, so wichtig ist der Glaube der Kinder an uns Feen. Wir brauchen den Glauben der Kinder für unser Überleben. Wir leben in gegenseitiger Abhängigkeit, ohne eigentlich davon zu wissen. Die verlorenen Träume der Kinder rauben uns die Kraft zum Überleben. Gibt es aber weniger Feen, so sind auch die ***Menschenkinder*** in Gefahr."

Während der letzten Worte, sah Schnuppe besorgt in Christians Richtung. Ihr Blick war mahnend und beängstigend zugleich. Christian wurde unbehaglich zumute.

„Wer bewacht ihren Geist, wenn wir nicht im Schlaf über sie wachen und sie beschützen? Wer schützt ihre Gedanken, wenn sie selber noch zu schwach sind, um ihre Gedanken rein zu halten?"

„Seht uns Feen an! Wir bestehen zum größten Teil aus Licht. Es ist aber nur deswegen so hell, weil genügend Kinder an uns glauben. Wird der Glaube schwächer, so wird auch das Licht der Feen, unsere Kraft, unsere Lebensenergie schwächer. Wir beginnen zu sterben,...wie eine Kerze, die niederbrennt."

Nach den letzten Worten unterbrach Schnuppe ihre Erklärung. Sie war in sich gekehrt,…nachdenklich. Scheinbar rang sie nach richtigen Worten. Als sich ihr Blick wieder klärte, wendete sie sich direkt an Nadine.

„Wie ich euch schon erzählt habe, waren all diese Stühle des Tisches einst besetzt. Doch jetzt gibt es nur noch sehr wenige Feen. Nur ein paar von uns sind noch übrig.

Energie! Ich sagte es schon. Wir brauchen dieses ***Lebenselixier*** aus den Träumen der Kinder,…und die Kinder brauchen uns."

„Tut mir einen Gefallen! Betrachtet euch einmal genau die Mitte des Tisches. Dort liegt ***Saba***. Ihr werdet sie kaum gesehen haben. Ihr Licht ist schon sehr schwach. Sie wird die nächste sein, die von uns geht. Nur durch den Schein der anderen Feen kann sie noch am Leben gehalten werden. Es wird nicht mehr viel Zeit bleiben. Wenn wir Saba nicht schnell helfen können, wird sie sterben. Ihre Energie neigt sich dem Ende zu."

Sie blickten zur Feentafel. Tatsächlich konnten sie in deren Mitte Saba erkennen. Schwach war ihr Licht. Beinahe unsichtbar. Noch immer ruhten die Hände der anderen Feen kreisrund auf dem Tisch.

Da schoss urplötzlich aus allen Feenhänden gleichzeitig ein Lichtstrahl zur Tischmitte. Ein Lichtbogen, von allen Feen ausgehend. Jeder dieser Strahlen fand sein Ziel genau in der Tischmitte und traf Saba mitten ins Herz.

Ihr Leuchten wurde stärker. Die anderen Feen hatten Saba Energie gespendet. Für diesen Augenblick konnte sie noch weiterleben. Überleben. Doch wie lange noch?

Nachdem alle aufmerksam den Worten Schnuppes zugehört hatten, stellte Nadine eine Frage.

„Sag mal Schnuppe, was bedeuten eigentlich alle diese ***Funkelsteine*** in euerer Höhle?"

Irgendetwas gluckste wie in einem Teich und es roch nach frischen Tannennadeln.

„Wie ihr erfahren habt, heißt diese Höhle Wunschhöhle. Hinter jedem leuchtenden Stein, den ihr hier seht, verbirgt sich nämlich ein Wunsch.

Die leuchtenden Steine, die sich in den Gängen hierher befunden haben, sind die Wünsche und Träume der Erwachsenen."

„Die grünen Leuchtsteine verkörpern den Wunsch nach ***Geld***, ***Reichtum*** und ***Macht***. Wir Feen finden, das sind die unwichtigsten Wünsche. Diese Steine sind am weitesten von dieser Halle entfernt. Sie befinden sich im Eingangsbereich. Geld verdirbt den Charakter. Reichtum macht rücksichtslos und einsam. Macht dient nur demjenigen, der sie besitzt. Für alle anderen ist sie eine Plage.

Die roten Steine sind Symbol des Wunsches nach ***Liebe***. Dieses Verlangen ist viel wichtiger. Darum sind diese Steine auch ein Stück näher bei uns. Liebe verbindet. Liebe tröstet. Liebe gibt. Liebe verzeiht. Liebe vertreibt den Hass. Liebe macht reich im Herzen.

Genau so wichtig wie die roten Steine, sind jedoch die blauen. Sie verkörpern den Wunsch nach ***Ehrlichkeit***, ***Vertrauen*** und ***Glaube***. Ohne die blauen Steine kann es die Roten nicht geben. Ohne die roten Steine kann es die Blauen nicht geben."

Erneut unterbrach ihre Freundin, die Fee, kurz das Gespräch. Das Gesicht von einem gütigen und zufriedenen Lächeln umspielt. Ihr Blick wanderte über die Häupter ihrer Besucher…empor zur Decke der Feenhöhle.

„Die Steine, die ihr in dieser großen Halle seht, sind die Wunschträume der Kinder. Diese Sehnsüchte sind uns Feen am wichtigsten. Es sind aber zugleich die einfachsten. Kinder wünschen sich weder Macht noch Reichtum. Sie wollen Geborgenheit, Liebe und jemanden, der sie beschützend in den Arm nimmt. Sie wünschen sich Eltern, die sich um sie kümmern. Sie sehnen sich nach jemandem, der ihnen zuhört und der sie ernst nimmt. Dies sind die eigentlichen Grundbedürfnisse jedes Menschen. Wichtig und einfach zugleich. Aus diesem Grunde liegen sie uns Feen auch besonders am Herzen. Die Wunschsteine der Kinder, befinden sich ganz nahe bei uns."

...und nach einer Pause...

„Alles was ihr hier leuchten seht."

Nadine war nun von Schnuppes Geschichte fasziniert. Man fühlte, dass sie von Kopf bis Fuß unter Hochspannung stand,...und dennoch wirkte sie glücklich und entspannt. Verzaubert blickte sie zu den farbenfrohen Höhlensteinen, deren Glanz sich in ihren Augen spiegelte. Ein Blick, wie ihn Kinder nur an Weihnachten haben, wenn sie zum ersten Mal den geschmückten Tannenbaum erblicken. Leuchtend und glitzernd.

„Was ich euch bis jetzt erzählt habe und was ihr erlebt habt, ist sehr viel auf einmal. Ich weiß, es ist kaum zu glauben für euch. Bis ihr es richtig begreifen werdet, wird es auch schon wieder vorbei sein. Trotzdem gibt es noch eine weitere Sache, die ich euch erzählen möchte und auch erzählen muss. Nur so könnt ihr unsere gesamte Situation versteht."

Schnuppes Blick wurde sorgenvoll. Sie senkte ihr anmutiges Gesicht. Nadine und Christian hatten Mitleid, obwohl sie nicht wussten, was sie als nächstes erfahren würden. Es konnte nichts Gutes sein. Am liebsten hätte man die Fee in den Arm nehmen wollen, um sie zu trösten.

Die Feenhöhle mit ihren Glitzersteinen.

„Leider gibt es aus unserer „***Traumrealität***“ auch Schlimmes zu berichten. Wir sind leider nicht nur hier, um ungestört unsere Aufgabe erfüllen zu können. Wir werden zum Teil auf eine harte Probe gestellt. Wie bei den Menschen, so gibt es auch hier Feinde, vor denen man sich in Acht nehmen muss.

Unsere Feinde sind die „***Traumräuber***“, die nicht weit von hier entfernt, ebenfalls in einer Höhle wohnen. Doch diese Höhle ist kalt und finster. Nichts ist dort, wie es hier ist. Hier lebt das Gute. Dort wohnen finstere Gesellen, deren Macht von Tag zu Tag wächst.

Jeden Abend gehen sie auf Jagd. Sie schleichen sich Nacht für Nacht in die Seelen und die Träume der friedlich ruhenden Kinder und stehlen ihnen jede Illusion. Die guten Träume reißen sie an sich. Mit unendlicher Gier zerstören sie unser Werk und hinterlassen Unmengen von ***Albträumen***, ***Ängsten*** und schlimmen Gedanken in den Kinderköpfen. Die Kinder, die nichts ahnend in ihren Betten liegen, werden ihrer Zukunft beraubt, ohne dass sie es merken. Nachdem sie ihre Beute gemacht haben, kehren die Räuber in ihre kalte Höhle zurück.

Die gestohlenen Träume übergeben sie der bösen ***Spinne Xerxes***. Die Räuber glauben nämlich, wenn sie unsere guten Träume erbeuten, kommt irgendwann auch Licht in ihr Schattendasein. Doch das ist nicht der Fall. In böser Umgebung kann das Gute nicht lange existieren. Das Gute muss gepflegt und weitergesponnen werden. Das Gute braucht, wie eine Pflanze, einen gesunden Nährboden. Den wiederum gibt es aber in der Höhle der Traumräuber nicht. Sie können sich nur für einen Augenblick an der erbeuteten Energie erfreuen. Kurz Zeit später ist der gewonnene Schein verblasst und sie müssen erneut auf Jagd gehen, um ihren Hunger nach Licht zu stillen. Somit schließt sich der Kreis."

Es war kalt und feucht in der Höhle. Die niederfallenden Tropfen lösten sich vom kalten Gestein, als wollten sie aus der Kühle fliehen. Glucks, glucks,...

„Wir Feen brauchen diese Energie, um zu überleben, doch sie wird uns Nacht für Nacht von den Traumräubern gestohlen. Die guten Träume, die die Kinder zur ***Herzensbildung*** benötigen, sind ebenfalls verloren. Die Spinne Xerxes trägt den Rest dazu bei. Sie herrscht über die Traumräuber und lässt sie glauben, dass auch bei ihnen eines Tages alles besser wird, wenn sie nur genügend Kinderträume an sich reißen. Sie verheißt ihnen Licht in ihrem dunklen Dasein. Sie verspricht ihnen Liebe, die sie selbst nicht kennt."

Bei Schnuppes letzten Worten, wurde Nadine ängstlich. Sie drückte ihren Körper schutzsuchend an Christian. Dieser legte tröstend den Arm um seine Tochter.

„Jetzt muss ich mit meiner Erklärung zum Ende kommen. Die Nacht ist nicht mehr allzu lange und wir haben noch eine wichtige Aufgabe zu erfüllen. Wir Feen hoffen, dass ihr uns helft. Nur dieses eine Mal. Ohne euch sind wir verloren. Viel haben wir für euch und euere Kinder im Laufe der Zeit getan. Nun ist die Zeit da, da ihr uns eine große Hilfe sein könnt.“

Der gefährliche Auftrag

„Sprich weiter Schnuppe“, sprach Nadine. Paps und ich machen das schon. Ich habe keine Angst vor bösen Räubern und ekligen Spinnen…und mein Paps ist sowieso der stärkste Mann der Welt,…das sagt er zumindest immer zu mir. Hab ich recht Paps?“

Nadine zwinkerte Christian mit einem Auge spitzbübisch zu.

Schnuppe sah ebenfalls in seine Richtung. Konnte es sein, dass diese beiden Frauen unter einer Decke steckten?

„Ja natürlich,… oder so ähnlich jedenfalls.“, erwiderte dieser. „Was sollen wir unternehmen?“

Jetzt rächten sich seine Sprüche, die er manchmal so dahin gesagt hatte. Nadine nahm ihn beim Wort und erwartete Taten. Kneifen? Unmöglich! Tja, selber schuld…

An der Feentafel.

„Heute Nacht sind die Traumräuber - wie jede Nacht - unterwegs, um ihre fette Beute zu machen. Die Höhle ist so gut wie leer.“

Bei diesen Worten nahmen Schnuppes Gesichtszüge den Ausdruck von Überlegenheit an. Triumphierend sprach sie weiter…

„Nur Xerxes ist da und wartet auf die Rückkehr ihrer Untertanen. Das ist der richtige Augenblick zum handeln. Die böse Spinne kann die Höhle nicht verlassen, da sich der Höhleneingang hinter einem Wasserfall befindet. Wie alle Spinnen, so hasst auch Xerxes Wasser. Glück für uns.“

„Ich hasse Spinnen“, dachte Christian. „Diese ekligen schwarzen Dinger kann ich nicht ausstehen. Egal, ob sie mir gefährlich werden können oder nicht…Hoffentlich ist es bald morgen früh…!“

Er versuchte, sich nichts anmerken zu lassen. Doch Nadine hatte schon längst das blasse Gesicht ihres Vaters bemerkt. Spinnen im Haus mussten stets sie oder Mami entfernen. Paps machte einen großen Bogen um diese Tierchen. Igittigitt!!!

„Glühbi wird euch zum ***Höllbach*** fliegen.“

„Das hört sich aber gefährlich an“, merkte Nadine zweifelnd an. „Kann uns an diesem Höllbach wirklich nichts passieren?“

Schnuppe sprach mit beruhigender Stimme weiter. Sie verstand es wirklich, schlechte Gedanken in gute Gedanken zu verwandeln.

„Hab keine Angst, Nadine. Höllbach heißt der Fluss, der diesen Wasserfall bildet. Wasser stürzt dort von einem hohen Felsen herunter ins Tal. Weiter nichts.“

Sie mussten die Höhle hinter dem Wasserfall finden und den Eingang mit schweren Steinen gut verschließen. Das war keine einfache Aufgabe. Doch es war zu schaffen.

„Die Spinne Xerxes kann euch nichts anhaben. Sie hasst, wie ich euch schon erzählt habe, Wasser und kann Menschen, die aus der Realität kommen, nicht bedrohen", beruhigte Schnuppe die beiden ganz zutraulich.

Nadine hakte wie immer misstrauisch nach…

„Und wieso habt ihr den Höhleneingang nicht schon längst selbst verriegelt?"

„Wir Feen können die Höhle nicht mit Steinen verschließen, da wir real existierende Gegenstände nicht bewegen können. Auch könnte Xerxes uns Traumwesen gefährlich werden."

„Ihr seid unsere einzige Chance. Ihr müsst diesen Eingang finden und blockieren." „Und was passiert dann?", bohrte Nadine neugierig weiter.

„Dann, liebe Nadine, haben wir es schon fast geschafft. Wenn die Traumräuber zurückkehren, finden sie den verschlossenen Höhleneingang vor.

Die Räuber müssen, genau wie wir Feen, bei Anbruch des Tages in ihrer schützenden Höhle sein und die gewonnene Energie zum Überleben in sich aufnehmen. Da der Eingang der Höhle jedoch verschlossen ist, ist das Ende dieser bösen Wesen nahe. Sie können nur kurz von der Energie der erbeuteten Träume zehren. Doch diese Energie wird schon bald verbraucht sein. Wie bei einer leeren, aufladbaren Batterie. Sobald das letzte Kind bei Tagesanbruch erwacht, zerrinnt um sie herum die Welt, in der sie leben. Sie befinden sich im Nichts und können auch nie wieder zurückkommen. Sie lösen sich auf. Alles was von ihnen bleibt, sind ein paar Schatten,… und auch diese werden vom Licht der aufgehenden Sonne nach kurzer Zeit vertrieben."

Schnuppe war mit ihrer Erklärung am Ende angelangt. Mit fragendem Blick sah sie nun Nadine und Christian an. Dana, die sich noch immer in der Nähe befand, blickte ebenfalls in die Richtung der beiden. Plötzlich schien es, als wäre es noch stiller in der Wunschhöhle geworden. Eine fallende Stecknadel wäre problemlos zu hören gewesen.

Mit leiser Stimme und flehendem Blick fragte Schnuppe:

„Werdet ihr uns helfen?“

Nun blickten auch alle anderen Feen, die sich an dem großen runden Tisch befanden, in ihre Richtung. Totenstille…!

„Werdet ihr uns helfen, dass wir überleben können? Werdet ihr uns helfen, dass wir weiterhin Gutes für euere Kinder tun können?“

Nadine und Christian wechselten kurz einen Blick. Die Antwort wusste jeder der beiden. Ohne ein einziges Wort. Christian rief voller Begeisterung und so laut, wie er nur konnte:

„Ja, wir helfen euch,… wir helfen uns gegenseitig!“

Das Echo seiner lauten Stimme hallte von den Felswänden viele Male zurück.

Nadine nickte zustimmend und fügte ein aufmunterndes „Los geht’s, ich bin dabei!“ hinzu.

Schnuppe und Dana lächelten erleichtert.

Der Weg zum Höllbach

Zufrieden brummend schwebte Glühbi noch immer vor dem Eingang der Höhle im Leerlauf. Sein Brummen war nur ein paar Töne tiefer. Es hörte sich beinahe so an, als ob er langsam müde würde. Anscheinend hatte er sich mit der ganzen Fliegerei doch ein wenig übernommen. War mit Glühbi noch alles in Ordnung? Beide hofften es. Schließlich musste er sie sicher zur Traumräuberhöhle am Höllbach und wieder zurück bringen. Keine leichte Aufgabe.
Schnuppe und Dana waren ebenfalls zum Höhleneingang gekommen. Dana ging zu Glühbi und flüsterte ihm eigenartige Worte ins Ohr. Es waren Worte einer Sprache, die Nadine und Christian noch nie gehört hatten. Als sie damit endete, streichelte sie Glühbi ein paar mal kräftig über sein flauschiges Fell. Glühbi freute sich riesig über diese Streicheleinheiten und sein Brummen wurde für einen kurzen Moment wieder heller. Sie hatten Abschied genommen. Wenig später sank sein Ton erneut ab, wie eine Stimme in einem tiefen Wein- oder Bierkeller unter der Erde langsam verschwinden konnte.

Schnuppe trat näher und sagte mit einer gewissen Vorsicht in der Stimme:

„Nun, meine Freunde, der Zeitpunkt da. Ich muss mich von euch verabschieden. Unser Treffen kann nicht länger andauern. Die Zeit schreitet unaufhaltsam voran. Es liegt viel Arbeit vor euch. Dana hat Glühbi noch einmal den Weg zur Räuberhöhle ganz genau erklärt. Er ist nämlich auch nicht mehr der Jüngste. Da kann es schon mal passieren, dass er ein paar Wege durch die Wolken durcheinander bringt. Aber ich kenne Glühbi schon ewig und er hat mich immer sicher an alle Orte gebracht.

Ihr müsst lediglich darauf achten, dass ihr ebenfalls vor dem ersten Sonnenstrahl zurück seid und euer Ziel erreicht habt.

Glühbi muss nämlich, genau wie alle anderen Traumwesen, zu diesem Zeitpunkt in der eigenen Höhle Schutz suchen. Schafft er es nicht, wird ihn dasselbe Schicksal wie die Räuber ereilen. Dann werden wir Glühbi für immer verlieren. Achtet also bitte unbedingt darauf, dass alles bis zum Morgengrauen erledigt ist."

Während Schnuppe, die Fee, die letzten Worte mit ernstem Gesicht gesprochen hatte, sah Nadine, dass Glühbis Licht flackerte. Es wurde ein paar Mal kurz dunkel und anschließend wieder hell. Wie Stromschwankungen bei einem starken Gewitter. Hatte das nichts zu bedeuten? Oder war Glühbi schon zu alt für solche Abenteuer?

Christian hatte das Flackern ebenfalls bemerkt. Mit sorgenvollem Blick sah er Nadine an. Zweifel kamen in ihm auf. Konnte er noch Vertrauen? Taten sie das Richtige? Grübelgrübel. Und ehe er sich versah, begann sich die Welt um ihn herum zu verändern, zu verwandeln,...zu schmelzen. Sie entfernte sich zusehends von ihm…

Alles um Christian herum wurde langsam farblos. Steine, die zuvor noch bunt aus dem Höhleneingang schimmerten, waren auf einmal nur noch blass. Es war, als ob man in einen alten Schwarz-Weiß-Fernseher blicken würde. Kein Glanz mehr. Die Farben verschwunden. Blicke trübten sich ein. Unscharfe Bilder vor seinen Augen. Entsetzen kroch in seine Seele.

„Was ist mit mir los?", stammelte er mit unsicherer Stimme. „Ich sehe plötzlich alles so unklar vor mir. Sagt! Was passiert mit mir. Die Farben,…verschwunden! Helft mir! Ich sehe nichts mehr…?"

Schnuppe warf einem prüfenden Blick zu Christian.

„Du verlierst deinen Glauben. Dass das nicht passieren würde, hatte ich gehofft. Doch schon bald wirst du erwachen. Du weißt selbst, dass man nicht mit Gewalt an Träumen festhalten kann. Niemand kann dir jetzt helfen. Nur du selbst. Die einzige Möglichkeit, um bei uns zu bleiben, ist: Du ***MUSST VERTRAUEN!…VERTRAUE!***“

Christian ***wollte*** vertrauen. Aber es war nicht leicht. Die letzten Stunden waren alles andere als normal.

Stopp!…***Nadine***!...Unmöglich konnte er seine Tochter jetzt und hier zurücklassen. Nein! Das ging auf keinen Fall,…und dann die Enttäuschung. Nadine würde bestimmt unendlich enttäuscht sein, wenn ihr Paps sich plötzlich aus dem Staub machen würde. Nein! Das ging wirklich nicht…

Er versuchte, sich erneut fallen zu lassen. Im Zelt hatte es ja vorhin auch funktioniert…“Reiß dich zusammen Christian!“, dachte er beschwörend. „Reiß dich jetzt bloß zusammen! Beruhige dich. Hab Vertrauen…Für Schnuppe, für die Feen vom Falkenstein, für Nadine…und alle friedlich ruhenden Kinder. Bleib ruhig…vertraue wieder! Lass dich fallen!“

Langsam kehrten alle Farben zurück. Das Bild vor seinen Augen wurde schärfer. Auch die Lichter aus der Höhle wurden wieder bunter. Nicht mehr Schwarz-Weiß-Fernsehen. Farbe war wieder angesagt! Christian hatte noch einmal Glück gehabt. Er durfte im Land der Träume bleiben…

„So schnell ist man aus dem Rennen“, dachte er.

„Hab ich etwas verpasst?“

„Nein“, antwortete Schnuppe mit erleichterter Stimme.

„Gut, dann kann es ja endlich los gehen.“

Schnuppe schwebte hin zu den beiden. Was nun kam, würden sie nie vergessen. Die Fee breitete ihre Arme aus, weit, umarmte zuerst ganz fest Nadine und dann auch Christian. Beide spürten bei dieser Umarmung, wie ein Gefühl der Wärme und der alles umfassenden Zufriedenheit sie durchströmte. Wie wenn in einer kalten Winternacht ein warmen Trunk Leben einflößte. Nadine und auch Christian erwiderten die Umarmung. Doch richtig spüren konnten sie Schnuppe dabei nicht. Sie war nicht aus Fleisch und Blut. Man griff durch sie hindurch. In eine Leere. Und trotzdem war sie da. Sie war wirklich genug, um ihnen durch diese einzige Berührung Mut und Kraft für ihre Aufgabe zu verleihen. Dann war dieser einzigartige Augenblick, der nur wenige Sekunden andauerte, vorbei. Sie spürten, wie auch sie nun aus Licht und Energie bestanden.

Jetzt kletterten sie schnellstens auf Glühbis flauschigen Körper. Als beide saßen, griff Schnuppe mit einer eleganten Bewegung hinter sich. Zum Vorschein kam ein hell leuchtender Stein, der aus der Höhle stammen musste. Dieses Prachtstück unterschied sich jedoch wesentlich von allen anderen. Die Farben waren nicht klar zu deuten. Sie wechselten in ihrer Schönheit. Auf eine seltsame Weise, hatte er die ganze Farbenpalette in sich vereint. Alle Farben dieser Welt und doch keine direkt. Ein leicht goldener Schimmer überzog dieses besondere Exemplar zusätzlich.

„Was ist das denn für ein schöner Stein", fragte Nadine neugierig.

„Ein ganz besonderer ***Glücksstein***", erklärte Schnuppe.

„Und was ist an diesem Stein so besonders?"

„Es gibt ihn nur ein einziges Mal auf dieser Welt. Er vereint alle guten Eigenschaften, die es gibt, in sich. Darum hat er auch alle Farben dieser Welt. Wir nennen ihn den ***Stein der Hoffnung***."

„Und was sollen wir mit ihm anfangen?"

„Das werdet ihr wissen, wenn es so weit ist. Passt gut auf ihn auf, denn er kann euch sehr nützlich sein. Er ist der hellste von allen Steinen. Schon alleine sein Licht kann euch eine große Hilfe sein. Nehmt ihn mit. Er soll euch schützen. Vor allen Gefahren dieser Welt."

Es konnte sicher nicht schaden, auf Schnuppes Rat zu hören und diesen komischen Stein der Hoffnung mitzunehmen. Christian bedankte sich, nahm ihn entgegen und steckte ihn in seine Hosentasche. Er war kaum größer als eine Taschenuhr und daher kein großer Ballast. Trüb drang sein Leuchten durch den dicken Stoff seiner Jeanshose.

Glühbi begann die Drehzahl seines Motors zu erhöhen. Mit kräftigen Flügelbewegungen legte er sich mächtig ins Zeug. Blinkend und brummend gewann er mit seinen Flugbegleitern an Höhe. Sie schwebten sanft davon. Eine dichte Staubwolke wurde aufgewirbelt, die den Blick auf Schnuppe und Dana kurzzeitig versperrte.

Die beiden Feen standen vor dem Höhleneingang und winkten der Staubwolke nach. Der Wächterzapfen „Tano“ baumelte wie eine Schaukel an seinem Ast hin und her, um eine winkende Bewegung zu erreichen. Nadine und Christian hoben ebenfalls ihre Hände zum Abschiedsgruß und waren ein wenig traurig. Viel zu früh hatten sie sich wieder von ihren Freunden verabschieden müssen. Schnell war die Zeit verflogen. Zu schnell! Nadine hatte auch noch so viele Fragen zu stellen. Doch dafür war es nun zu spät. Nach einer Weile war von der Wunschhöhle und ihren Bewohnern nichts mehr zu erkennen. Sie waren bereits zu weit davon entfernt. Die tiefe Nacht verschlang sie erneut.

Die dunklen Wolken des Nachthimmels flogen vorbei. Vater und Tochter waren nun zum ersten Mal ganz alleine auf sich gestellt. Niemand konnte ihnen noch Tipps oder Ratschläge geben. Nur ihren treuen Freund Glühbi hatten sie als Verstärkung dabei, den sie nur zum Teil verstehen konnten. Alles was sie wussten, war, dass sie unbedingt zur Räuberhöhle am Höllbach fliegen mussten. Wo sich diese Höhle aber genau befand, das wusste nur Glühbi. Ohne seine Hilfe würden sie ihren Weg durch die Nacht niemals finden. Und die Entfernung…Unendlich weit! Sie wäre für die beiden Wanderer in der Zeit bis zum Morgengrauen nicht zu schaffen gewesen. Ganz zu schweigen von ihrer Aufgabe, die

Höhle möglichst gut mit Steinen zu verschließen. Xerxes, das ekelige Spinnenmonster, bereitete ihnen ebenfalls großes Kopfzerbrechen. Sie waren sich nicht sicher, ob von ihr nicht doch eine große Gefahr ausging. Sicherheitshalber war es wohl vernünftiger, irgendwie ihre Nähe zu meiden…

Urplötzlich wurde der Flug unruhig. Lag es am turbulenten Wind, der hier oben sicher kräftiger war? Jäh wurden sie aus ihren Gedanken gerissen. Glühbi fiel plötzlich in ein riesiges Luftloch und kam dabei gewaltig ins Trudeln. Nadine und Christian verlo-

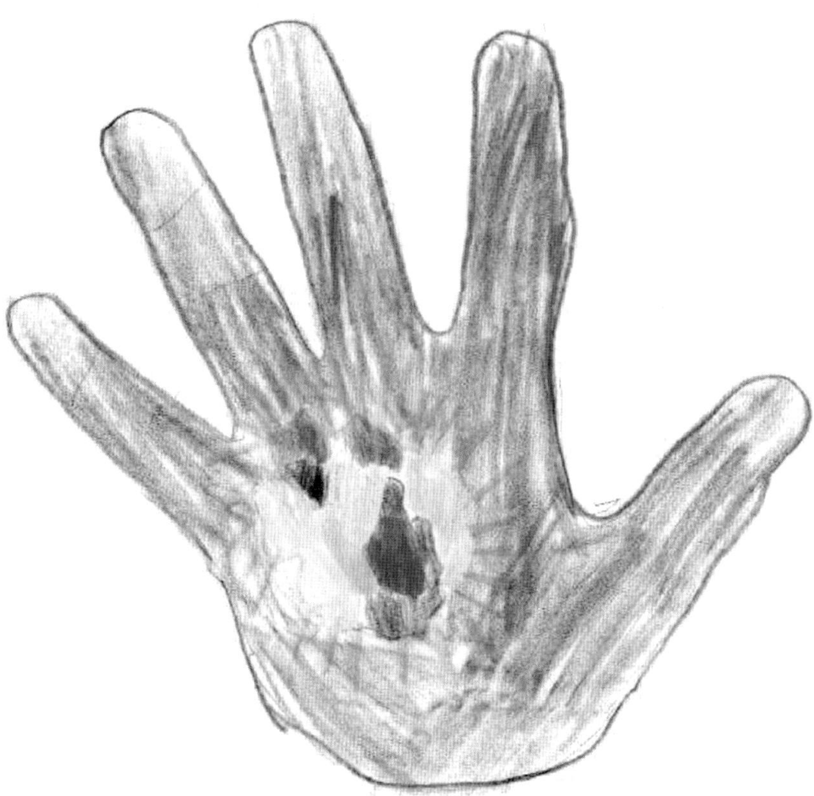

Der Stein der Hoffnung.

ren beinahe den Halt auf ihrem fliegenden Freund. Sie hatten ja keine Möglichkeit, sich anzuschnallen. Zum Glück konnte man sich an seiner langen Mähne besonders gut festhalten. Ein Zickzackflug! Hoch und runter, links und rechts, in die Höhe und in die Tiefe. Glühbis Leuchten dunkelte fast völlig ab. Auch das Brummen der Flügel wurde leiser und tiefer. War seine Energie jetzt aufgebraucht?

„Alles in Ordnung, Glühbi?“, schrie Christian in großer Sorge sehr laut.

Die Antwort verschlang der Fahrtwind. Konnte Glühbi sie überhaupt verstehen? Er drehte nur seinen Kopf für einen kurzen Augenblick in ihre Richtung, als ob er ein „Ja“ andeuten wollte. War es ein Nicken?

Dieser Moment war zu lange, denn beinahe hätte Glühbi einen Baum gerammt. Im letzten Moment konnte er gerade noch ausweichen und kam erneut gewaltig ins Trudeln. Es folgten ein paar Ausweichmanöver. Schließlich kam, was kommen musste. Glühbi übersah einen letzten großen Baumwipfel und verfing sich darin mit einem seiner Flügel. Er drehte noch ein paar gewagte Loopings und prallte im vollen Fluge gegen eine steile Böschung, die sich ihnen mutig in den Weg stellte. Moosfetzen und dicke Wassertropfen flogen beim Zusammenstoß wild durch die Luft.

Nadine und Christian konnten sich wirklich nicht mehr festhalten. Im hohen Bogen wurden sie von Glühbis Körper in die Tiefe geschleudert. Alles drehte sich wie auf einem Karussell immer rundherum. Die Sterne des Nachthimmels blitzten mal unten, mal blinkten sie wieder oben. Krachende Äste und spritzendes Wasser waren zu hören. Eine letzte große Explosion, dann war der Sturzflug jäh zu Ende.

Eine Weile regte sich gar nichts. Alle waren wie benommen durch Glühbis unabsichtliche Showeinlage. Obwohl sie schon unsanft gelandet waren, drehte sich noch immer alles wirr in ihren Köpfen…

Nadine durchbrach als erste die Stille und ergriff lautstark das Wort.

„Das war ja toll!“

„Hast du gesehen Paps, was das für ein steiler Sturzflug war? Noch mal, noch mal, Zugabe!“

„Bloß nicht, Nadine. Bist du verrückt? Beinahe hätten wir uns alle das Genick und die anderen Knochen dazu gebrochen und du möchtest eine Zugabe?“

„Es ist ja alles noch mal gut gegangen und Glühbi hat es bestimmt auch gefallen.“, entgegnete Nadine noch immer begeistert. „Glühbi? Wo ist eigentlich Glühbi?“

Der arme Kerl lag ein paar Meter von ihnen entfernt. Total fertig und wie ausgepumpt, im hohen und dichten Farnkraut. Wie in einem Erdgrab. Sein Licht war kaum noch erkennbar, sein Brummen hatte ganz und gar aufgehört. Er bewegte sich keinen Millimeter mehr. Nadine und Christian rannten so schnell sie konnten zu ihm hin. Nadine stürzte sich auf ihn und schüttelte ihn durch. Doch seine Augen blickten orientierungslos ins Leere. Nadine schüttelte ihn abermals. Dieses Mal half auch ihr Vater kräftig mit. Vergeblich! Erst nach einer viertel Stunde kam Glühbi langsam zu sich. Das schwache Licht belebte sich wieder, wurde ein klein wenig heller und Christian hatte das Gefühl, dass er sich nun freute, als er seine beiden Freunde ebenfalls unversehrt entdeckte. Sanft und ganz zärtlich schmiegte er sich gegen seine beiden Fluggäste.

„Na Glühbi, du alte ***Leuchtrakete***? Da haben wir ja noch einmal Glück gehabt. Weißt du eigentlich wo wir hier gelandet sind…?“

Christian hatte diesen aufmunternden Satz noch nicht ganz zu Ende gesprochen, als er plötzlich bemerkte, dass seine Schuhe völlig durchnässt waren. Eigentlich war alles hier ziemlich feucht. Um sie herum war der Boden mit weichem Moos bewachsen, das wie ein Schwamm mit Wasser voll gesogen war. Wahrscheinlich war das der Grund für ihre glimpfliche Bruchlandung. Wo kam das ganze Wasser bloß her? Heute war doch so ein schöner Tag gewesen? Keinen Tropfen hatte es geregnet. In einiger Entfernung hörten sie Rauschen und Plätschern von Wasser. Hatten sie sich da ihre nassen Füße geholt?

„Glühbi, du bist ein Schatz! Ich glaube, du bist an der richtigen Stelle abgestürzt. Wenn mich nicht alles täuscht, sind wir hier ganz in der Nähe des Höllbaches."

Lag ihre Landebahn im Wasser? Christian konnte nur ganz wage seine Umgebung erkenne. Dennoch hatte er das Gefühl, dass es nicht mehr ganz so finster war, wie zuvor. Er glaubte, in dieser Gegend schon einmal gewesen zu sein. Irgendetwas kam ihm bekannt vor. Zum ersten Mal in dieser Nacht wagte er einen Blick auf seine Uhr.

„Um Himmels Willen!", entfuhr es ihm.

Die Uhrzeiger standen auf halb vier. Die Zeit war schneller und spurlos verschwunden, als sie glaubten. Waren sie wirklich an der richtigen Stelle abgestürzt? Christian wendete sich Glühbi zu.

„Hör zu Glühbi!"

Bereitwillig hob das Riesen-Flugobjekt seinen Kopf, um der Aufforderung brav zu folgen. Leuchtendes Farnkraut und frische Moosbüschel hingen überall in seinen Haaren verstrickt. Seine tadellose Haarpracht war durch und durch verdreckt und hatte beim Absturz heftig gelitten. Hoffentlich hatte er sich keinen seiner kräftigen Flügel gebrochen. Wie würden sie sonst nach

Hause kommen? Äußere Verletzungen oder Blut konnten sie jedenfalls nicht erkennen. Lediglich ein paar Heidelbeersträucher ragten wie eingepflanzt aus seinem Fellmoos heraus.

„Wir müssen dich für einen Augenblick alleine lassen. Du weißt, es ist sehr wichtig für euer Feenvolk und unsere Kinder, dass wir die Räuberhöhle finden und deren Bewohner unschädlich machen."

Glühbi zwinkerte müde mit den Augen. Erschöpft ließ er seinen wirren Kopf wieder sinken.

„Wir versuchen unsere Aufgabe möglichst schnell zu erledigen. Du musst dich in der Zwischenzeit dringend erholen. Das ist ganz wichtig."

Glühbi seufzte aus tiefster Seele. Wie schön wäre es jetzt gewesen, wenn ihr Freund hätte sprechen können. Hatte er Schmerzen, oder musste er gar sterben…?

Nadine und Christian hatten Angst um ihren treuen Gefährten.

„Wir kommen bald zurück und fliegen mit dir in deine Höhle zurück! Wir versprechen dir, rechtzeitig wieder zu kommen. Falls du damit einverstanden bist, leuchte bitte einmal ganz hell, damit wir Bescheid wissen."

Glühbi war einverstanden. Er bemühte sich, mit einem hellen Schein, die gewünschte Antwort zu geben und es gelang ihm…

Der abstürzende Glühbi.

Xerxes greift an

Schritt für Schritt bahnten sie sich vorsichtig ihren Weg durch dichte und hohe Gräser und wirres Gestrüpp. Bei jedem Fuß, den sie auf den Boden aufsetzten, vernahmen sie das sabbernde Geräusch des nassen Waldbodens, der sich unter ihrem Gewicht zusammenpresste. Ein Brodeln, Schmatzen und Schlürfen begleitete sie. Dennoch ahnten sie, dass dieser Weg der Richtig war. Das machte ihnen Mut. Das Rauschen des Wassers wurde immer deutlicher.

Vor ihnen stürzte sich rauschend der Wasserfall des Höllbaches in die Tiefe. ***Schschschschsch***... Wo sein Wasser den Boden berührte, hatte er im Laufe der Zeit ein kleines Becken gebildet, randvoll mit frischem Bergwasser aufgefüllt. Alles Wasser, das nicht mehr Platz in diesem Becken fand, bahnte sich seinen eigenen Weg ins Tal. Ein Glucksen und Plätschern. Das Wasser aus diesem kleinen Teich suchte seinen Weg in die Freiheit. Von oben herab tropfte es beständig. An den Bäumen und Felsen der Umgebung hatte sich feiner Nebel gebildet. Wurden die feinen Tropfen zu schwer, fielen sie herab und gingen ebenfalls ihre eigenen Wege.

Nadine und Christian schlichen sich fast an. Schlurfende und schlabbernde Geräusche waren ihre lautstarken Begleiter. Zu befürchten hatten sie nicht allzu viel. Dennoch empfanden sie mittlerweile sehr großen Respekt vor diesem Ort. Schnuppe hatte ihnen erzählt, dass diese Traumwesen ihnen nichts anhaben konnten.

Aber stimmte das auch wirklich? Diese Traumwelt war voller Überraschungen. Wer hätte gedacht, dass ***Feen*** existieren? Das Wesen ***Glühbi***? Die ***Wunschhöhle***? Es war also auch möglich, dass ihnen die ***Traumräuber*** oder ***Xerxes*** doch gefährlich werden konnten. Besser, man war auf der Hut.

„Was sollen wir jetzt machen, Paps?“

„Wir sehen uns jetzt den Wasserfall genauer an. Bin gespannt, ob es tatsächlich einen Eingang hinter dem Wasser gibt. Falls nicht, können wir gleich umdrehen."

„Glaubst du denn, dass dort kein Eingang ist, und dass die Fee Schnuppe nur alles erfunden hat?"

„Ehrlich gesagt nicht. Doch irgendwie müssen wir uns jetzt erst einmal einen Überblick verschaffen. Komm mit mir!"

„O.K."

Vorsichtig gingen beiden voran. Sie suchten sich dabei einen halbwegs trockenen Weg um den kleinen Tümpel herum, bis sie sich seitlich des Wasserfalls befanden. Dort angekommen, gingen beide in die Hocke. Tatsächlich war es relativ leicht möglich, von dort aus die Rückseite des herunterstürzenden Wassers zu betrachten.

Die Felsen waren hinter dem Wasserfall nach hinten abgesetzt, so dass da ein kleiner, wasserfreier Raum war. Dieser freie Raum war nicht so groß wie bei den ***Niagara-Wasserfällen***. Höchstens ein guter halber Meter. Trotzdem würde er reichen, um sich halbwegs trocken zwischen Wasser und Fels hindurchzumogeln. Und genau das würden sie auch machen müssen. Der Blick in diesen Spalt war zwar recht gut, trotzdem war es noch zu dunkel, um einen Höhleneingang erkennen zu können. Sie mussten sich Gewissheit verschaffen und konnten dabei nicht auf das helle Tageslicht warten.

„Nadine, du musst einen Augenblick auf mich warten. Genau hier."

Christian deutete mit seinem ausgestreckten Zeigefinger auf den Boden.

„Ich sehe mir die Stelle da drinnen erst einmal ganz alleine an."

„Sei aber vorsichtig Paps und lass mich nicht zu lange hier sitzen. Ich habe Angst.“

Bei diesen Worten nahmen sich die beiden ein weiteres Mal in diesem Traum bei den Händen. Ganz fest und sehr lieb zueinander.

Es tat gut, den Anderen zu spüren und es gab Kraft. Beide hofften, dass alles bald vorbei sein würde.

Christian kletterte über drei glitschige Steine hinweg, die sich zwischen ihm und dem Wasserfall befanden. Als er sich in unmittelbarer Nähe der herabstürzenden Wassermassen befand, drehte er sich noch einmal in die Richtung seiner Tochter um. „Ganz schön mutig“, dachte er, als er Nadine klein und hilflos zusammengekauert da sitzen sah. Immerhin war ihre Umgebung dunkelschwarz und sie waren mitten im tiefen Wald völlig alleine unterwegs. Selbst er hatte in Anbetracht dieser Situation ein mulmiges Gefühl. Er hob seine Hand und winkte kurz, um ihr mehr Mut zu machen. Dann lief er los.

Dicht am Fels entlang versuchte er halbwegs trocken hinter den Wasserfall zu gelangen. Die kalte Felswand auf der einen Seite, das klatschende und spritzende Wasser auf der anderen. Würde seine Tochter ihn jetzt rufen, er hätte sie nicht mehr gehört. Kein gutes Gefühl, sie so schutzlos zurückzulassen. Er musste aber irgendwie weiter.

Der Spalt war wirklich nicht breit. Die Feuchtigkeit drang durch seine Kleidung. Viel zu nahe befand er sich am rauschenden Wasserfall, der ihn mitreißen konnte. Mehr tastend als sehend ging er Schritt für Schritt vorwärts. Wie ein kleiner Waldkäfer, der gerade wieder vom Rücken auf die Beine gekommen war. Der Vollmond half ihm Gott sei Dank, die Umgebung besser zu erkennen. Um jedoch einen Höhleneingang zu finden, war es einfach noch zu dunkel. Der Waldschrat überlegte einen Augenblick, wie er dieses Problem lösen könnte. Der Waldschrat hieß Christian und hatte plötzlich eine echte Erleuchtung.

„Ja, natürlich,…der ***Glücksstein*** der Feen“, murmelte er plötzlich vor sich hin.

Schnell kramte er den Stein aus der Hosentasche seiner Jeans. Hell leuchtend lag er in seiner linken Hand. Schnuppe hatte also doch Recht gehabt. Der Stein war eine echte Hilfe. Christian hielt ihn ein kurzes Stück vor seinen Körper und probierte damit aus, ob er nun die nahe Umgebung besser erkennen konnte. Tatsächlich,…es war möglich. Der Schein des Steines tauchte die Umgebung in ein zartes Licht, aber doch hell genug, dass man alle Einzelheiten im Umkreis gut sah.

Bedrohlich schwarz näherte sich die Felswand, an der sich Christian entlang hangelte. Vom Wasserfall zu unförmigen Bällen geformte, Steine lagen überall auf dem Boden verstreut. Wie mächtige Schildkrötenrücken ragten ihre Kuppen aus dem nassen, sandigen Boden. Glitschig und gefährlich glatt,…und um ein Haar wäre er tatsächlich an der kreisrunden Öffnung im Fels vorbeigegangen. Dieses finstere Loch war ziemlich klein, so dass man es leicht übersehen konnte. Falls das der Eingang einer Traumräuberhöhle war, konnten die Räuber nicht allzu groß sein. Was sind den das für Zwerge, dachte Christian und wollte sich damit selbst Mut machen. Nadine hätte gebückt gut hindurch gehen können. Ein Erwachsener bekam mit Sicherheit Probleme. Doch all das war Christian jetzt einerlei. Er sah in dem kleinen Eingang nur Vorteile. „Je kleiner, desto besser“, dachte er, denn umso schneller würden sie den Eingang verschlossen haben.

Um sich letzte Gewissheit zu verschaffen, ging Christian in die Hocke und leuchtete mit dem Stein in die Öffnung hinein. Da war kein Zweifel. Dies war der gesuchte Eingang der Höhle. Er beugte sich ein wenig weiter vor, um mehr erkennen zu können. Wie aus dem Nichts schoss plötzlich ein schwarzes, unförmiges Ding auf

Der Wasserfall am Höllbach.

ihn zu. Sein Herz blieb fast stehen. Ein Satz rückwärts. Dabei schlug er sich nicht nur den Kopf am Höhleneingang heftig an, sondern er landete durch seinen Schritt nach hinten genau im Wasserfall. Unter einer kalten Dusche, die ihn von einer Sekunde zur anderen nass machte. Durch und durch.

„Wer stört mich hier in meiner Höhle?“, hallte es laut.

Jetzt war Christian wieder hellwach. Er verharrte unbeweglich. Mit der rechten Hand bedeckte er den Leuchtstein, um durch seinen Schein nicht verraten zu werden. Pulsierendes Licht drang durch die Zwischenräume der Hand, an den Rändern, die er mit den bloßen Händen nicht richtig abdichten konnte. Rosarot schimmerten an diesen Stellen seine Adern durch die dünne Haut.

„Wer ist da!?“

Christian wagte kaum zu schlucken vor Angst. Es war gespenstisch.

„Es soll sich keiner in meine Höhle wagen! Niemand darf mich in meinem Reich stören! Ich alleine bin die Herrscherin! Habt ihr das verstanden!? Das Böse braucht niemanden! Ich dulde keine Eindringlinge! Wo seid Ihr!? Zeigt euch!"

Christian stand stocksteif. Genau vor ihm räkelte sich die pechschwarze Spinne Xerxes. Ihre funkelnden Knopfaugen kullerten aufgeregt hin und her. Das zangenartige Gebiss klapperte beängstigend. Drei Beinpaare wuselten mit dem haarigen Wesen nervös im Spinnennetz umher. Die Spinne war alarmiert. Er hatte dieses Netz wahrscheinlich übersehen und gedankenlos berührt.

„Wer mir zu nahe kommt, den werde ich vernichten!"

Doch gesehen hatte Xerxes ihn offensichtlich noch nicht. Der Wasserfall bot ihm eine schützende Deckung. So konnte sie ihn nicht erkennen. Langsam begann sie sich wieder zu beruhigen. Misstrauisch blickend, entfernte sie sich ins Höhleninnere.

„…Und lasst mich ja in Ruhe, sonst bekommt ihr es mit meinen Dienern, den Traumräubern zu tun…Die müssen sowieso bald wieder da sein", murmelte Xerxes noch immer wütend im Gehen und verschwand schließlich in der völligen Dunkelheit.

Da hatte er noch einmal Glück gehabt. Xerxes sah nicht gerade freundlich aus. Schwarze Haare bedeckten ihren gesamten Körper. Finster, wie die Nacht. Übel war ihr Wesen und böse ihre Art,… furchtbar ekelig. Ihr wollte er besser nicht mehr begegnen. Ob sie ihm gefährlich werden konnte? Auf Xerxes Gegenwart konnte er gerne verzichten.

Es gelang ihm wieder einen Schritt nach vorne zu setzen. Das Wasser lief ihm zwar von oben in die Kleidung und unten bei den Schuhen wieder hinaus. Doch eins war sicher, sauber genug war er jetzt. Duschen musste er diese Woche mit Sicherheit nicht mehr. Allenfalls Zähneputzen.

Genau und vorsichtiger als je zuvor betrachtete er jetzt den Eingang der Spinnenhöhle. Ein Netz war im Weg. Es war ihm vorher nicht aufgefallen. Auf keinen Fall durfte er es erneut berühren. Beim Verschließen des Einganges mussten sie also besonders aufpassen. Christian trat schnell den Rückweg zu Nadine an. Er hatte jetzt immer mehr Angst um sie. Aber das war gar nicht nötig. Nadine hatte sich keinen Millimeter von der Stelle bewegt.

„Hast du die Höhle gefunden? Schaffen wir es? Brauchen wir viele Steine? Paps, ich bin so aufgeregt!"

In ihrer ungeduldigen Art, fragte Nadine alle Fragen auf einmal.

„Ich habe eine gute und eine schlecht Nachricht Nadine"

„Wie lautet die gute?"

„Den Höhleneingang habe ich gefunden und er ist nicht all zu groß."

„Und was ist die schlechte Nachricht?"

„Die Spinne Xerxes gibt es tatsächlich, sie ist ziemlich sauer, wenn man sie stört und ihr Spinnennetz verrät ihr sofort, wenn jemand in der Nähe ist und sie bedroht."

„Das waren aber drei schlechte Nachrichten."

„Das stimmt mein Schatz und darum habe ich auch noch eine gute Nachricht für dich."

„Und die wäre?"

„Wenn wir vorsichtig sind, werden wir es bestimmt schaffen. Wir dürfen nur das Spinnennetz nicht berühren, damit Xerxes uns nicht bemerkt. Außerdem glaube ich, dass Xerxes nicht besonders gut sehen kann. Sie ist wohl schon zu lange in ihrer dunklen Höhle. Also lass uns keine Zeit verlieren! Fangen wir an!"

„Du Paaaps?"

„Ja, Nadine."

„Du bist ja pitsche patsche nass."

„Danke für den Hinweis. Ist mir noch gar nicht aufgefallen."

Beide begannen herzhaft zu lachen, dass sich die Tannen bogen und es war ihnen, als ob diese mitlachten. „Können Bäume eigentlich lachen?", fragte sich Nadine.

Der Weg zum Wasserfall war mit moosbewachsenen Felsenstücken übersäht. Er war nass und gefährlich glatt. Sie machten sich dorthin auf.

„Weißt du eigentlich, Nadine, dass ***Isländer*** ihre Wiesen und Rasenflächen nicht ganz abmähen?"

„Warum denn?", fragte das Kind neugierig.

„Sie lassen ein kleines Fleckchen Gras stehen, damit Feen und Elfen auch ihren eigenen Platz haben."

Nadine zupfte ihn an der Hose.

„Du Paps, darf ***ich*** das nächste Mal den Rasen mähen? Ich möchte auch ein kleines Stück Gras für unsere Freundin Schnuppe stehen lassen."

Christian nickte nur kurz und nahm Nadine an der Hand.

Beide klaubten so viele Steine auf, wie sie gerade in beiden Händen tragen konnten und bahnten sich mühsam einen Weg hinter den Wasserfall. Um ein stabiles Fundament für ihre Mauer zu bilden, entschlossen sie sich, mit möglichst großen Steinen anzufangen. Kantige Steine für ganz unten, runde Steine als Füllmaterial. Die beiden Nachtarbeiter hatten alle Hände voll zu tun und plagten sich bis an die Grenzen ihrer Kräfte.

Der Leuchtstein war ihnen erneut eine große Hilfe dabei. Diesmal fand Christian den Eingang zur Höhle auf Anhieb. Nass tropfte es immer noch von den Rändern herunter. Schimmelgewächs und Schwefelgeflecht bedeckte die Steine an manchen Stellen. Gebannt blickten beide in die Finsternis. Mitten hinein ins schwarze Loch. Was es da drinnen wohl Schreckliches zu entdecken gab?

„Wenn du Lust hast, Nadine, kannst du gerne mal in die Höhle kriechen und sie dir genauer anschauen."

„Bist du verrückt, Paps? Ich mach mir gleich in die Hose vor Angst. Du schickst mich in die Höhle? Nein danke, danke nein!"

„War doch nur ein kleiner Scherz."

Christian wollte seiner Tochter nur die Angst nehmen. Niemals hätte er sie dort hineingehen lassen.

„Siehst du es, das Spinnennetz?", flüsterte Christian Nadine zu.

„Ja.!"

„Das habe ich vorhin berührt. Du hättest Xerxes sehen sollen. Die ist auf mich zugeschossen, wie ein geölter Blitz. Ich bin ganz schön erschrocken."

Christian wurde wieder an seine Beule am Kopf erinnert, die immer noch weh tat und vor sich hinpochte. In Gedanken fasste er sich mit der rechten Hand an die schmerzende Stelle und strich leicht darüber.

Im Schein des Leuchtsteines sahen sie die dicken Fäden des Spinnennetzes. Wie kleine Seile reflektierten sie silbern das Licht. Noch nie hatten sie solch große Fäden gesehen. Man konnte nur erahnen, wie groß Xerxes wirklich sein musste, wenn sie so ein gewaltiges Netz spinnen konnte.

Die böse Spinne Xerxes.

Nadine legte vorsichtig und mit äußerster Genauigkeit ihre Steine vor den Eingang, ohne das Spinnennetz zu berühren. Selbst in ihre Hosentasche hatte sie noch ein paar kleine Kieselsteine gestopft. Christian legte sein Portion dazu. Nachdem das geschehen war, machten sie sich sofort auf den Rückweg, um sich erneut mit Material zu versorgen. Diesen Vorgang wiederholten sie einige Male. Immer höher und höher wurde die Steinbarriere. Nach einer Weile konnte sich das Ergebnis schon sehen lassen. Dennoch, eine Pause war leider nicht drin.

Es wurde immer heller. Außerdem mussten jeden Augenblick die Traumräuber von ihrem nächtlichen Beutezug zurückkommen.

Schnellen Schrittes machten sie weiter, um ihr Werk möglichst bald zu vollenden. Als sie den Eingang fast vollends verschlossen hatten, fielen ihnen aus Unachtsamkeit einige Steine von ihrer Mauer in das Höhleninnere. Gebannt gingen sie in Deckung und warteten darauf, dass jeden Augenblick die Spinne Xerxes kommen würde. Doch das Glück war auf ihrer Seite. In der Höhle regte sich nichts. Das Netz war anscheinend nicht berührt worden. Sie konnten ungehindert weiter machen.

Ein halbe Ewigkeit später hatten sie es geschafft. Die Höhle war komplett verschlossen. Sie hatten ganze Arbeit geleistet. **Eeeeendlich**!

„Klasse Nadine! Wir haben es geschafft. Wir haben es tatsächlich geschafft!"

„Ja, Paps, das soll uns erst mal einer nach machen."

„Jetzt lass uns aber schnell von diesem gruseligen Ort endgültig verschwinden, bevor noch etwas Schlimmes passiert."

Christian hatte diese Worte kaum ausgesprochen, als von draußen lautes Geschrei und Gefluche zu hören war.

„Oh Gott, auch das noch. Das müssen die Traumräuber sein", erkannte Nadine sofort.

„Ich befürchte, du hast recht. Schnell weg hier!"

Nadine und Christian nahmen ihre Beine in die Hand und flüchteten so schnell sie konnten. Doch als sie hinter dem schützenden Wasserfall hervortraten, war es bereits zu spät. Von allen Seiten näherten sich die Traumräuber. Sie sahen kaum freundlicher aus als die Spinne Xerxes. Sie waren gedrungen klein und gingen Christian allenfalls bis zu den Schultern. Finster war ihr Blick und ihre Mienen verrieten nichts Gutes. Zehn-fünfzehn Mann mussten es mindestens gewesen sein. Ihr lautes Schreien und ihr böses

Aussehen machten Nadine erneut große Angst. Eng schmiegte sie sich an ihren Vater. Sie zitterte am ganzen Körper und hatte eine Gänsehaut wie eine ganze Gänseherde.

„Bist du dir sicher, dass sie uns nichts tun können, Paps?“

„Ich hoffe es, mein Schatz. Ich hoffe es wirklich. Für dich. Für mich. Für uns beide.“

Die Räuber zogen den Kreis um Vater und Tochter enger und enger. Kurz darauf waren sie hoffnungslos umzingelt. Kein Ausweg. Keine Möglichkeit zum Fliehen.

Die Augen der bösen Wesen waren blutunterlaufen. Voller Hass blickten sie in die Richtung der Eindringlinge. Ihre schmutzigen Gesichter leuchteten rot vor Wut. In wilden Zotten hingen ihnen schulterlang die Haare vom Kopf. Eine Knollennase und ein riesiges Kinn machten das schreckliche Bild vollständig. Bei jedem Schrei, den sie ausstießen, wurden ihre halb verfaulten Zähne sichtbar. Übler Geruch breitete sich in der frischen Waldluft aus, Fäulnis und Verwesung. Bekleidet waren die Traumräuber mit schmutzigen Lumpen, die man kaum als Kleidung bezeichnen konnte.

Nadine hätte ihnen ihre alten Jeanshosen schenken sollen.

„Paps, ich hab wirklich große Angst! Bitte hilf mir!“

„Mach die Augen zu. Sie können uns nichts anhaben!“

Christian hoffte, dass er damit Recht hatte, denn die Räuber wirkten so echt, wie alles andere auch,…und furchtbar besorgniserregend. Er hielt seiner Tochter mit den Händen die Augen zu. Wie bei einer Gruselszene in einem Horrorfilm.

Nadine weinte. Sie schluchzte tief mit langen Seufzern dazwischen, wie schon lange nicht mehr. Auch ihre Freundin Larissa würde jetzt ganz sicher bittere Tränen weinen.

„Hab keine Angst, mein Schatz. Ich bin bei dir!“

Vor solch grimmigen Wesen konnte man am besten nur die Flucht ergreifen. Hatte Xerxes sie gerufen? Wussten sie bereits über alles Bescheid? Drohte ihnen von den Traumräubern vielleicht doch Gefahr? Christian und Nadine hatten zum ersten Mal beide richtig Angst. Sie ahnten, dass nichts Gutes folgen würde. Ängstlich wichen sie langsam zurück.

Einige der Räuber waren keine fünf Meter mehr von ihnen entfernt. Wild fletschten sie ihre ekeligen Zähne. Stinkender Dunst stieg aus ihren Kehlen hervor. Christian stellte sich schützend vor seine Tochter.

Da hörten sie ein vertrautes Brummen über ihren Köpfen. Beim Blick nach oben…

Glühbis schnellster Flug

„Glühbi", schrie Nadine aus voller Kehle, so dass selbst die Räuber für einen kurzen Augenblick inne hielten. „Das ist Glühbi, Paps. Unsere Rettung! Hierher Glühbi, hier sind wir!"

Irgendwie hatte Glühbi es geschafft, sich von seinem schweren Sturz zu erholen. Mit hohem Tempo jagte er nach unten und drehte eine halsbrecherische Runde nach der anderen. Knapp über den Köpfen der Traumräuber. Diese erschraken und sprangen in Panik zur Seite. So ging es ein paar Mal in wildem Flug an Nadine und Christian vorbei. Beide freuten sich über die Hilfe, die so unerwartet wirklich von oben gekommen war. Nach einer Weile, als Glühbi die Räuber schon um einige Meter zurückgedrängt hatte, hielt er plötzlich in einem seiner Sturzflüge inne.

Die Traumräuber.

Noch ein paar gekonnte Flügelschläge, schon war er bei seinen Fluggästen. Voller Freude über das Wiedersehen mit ihrem wahren Freund, warfen sich die beiden Glühbi entgegen und drückten ihn, so fest sie nur konnten. Endlich spürten sie wieder sein weiches warmes Fell.

Bei aller Freude war jedoch höchste Eile geboten. Die Traumräuber begannen sich gerade von ihrem Schrecken zu erholen und bewegten sich langsam wieder in ihre Richtung. Ihr Zorn war noch größer als zuvor. Speichel tropfte aus ihren fletschenden Mäulern und sammelte sich am Kinn. Nackter Hass. Blanke Wut. Drohende Gewalt.

Zum wiederholten Male hob Christian seine Tochter auf Glühbis Flug-Körper. Übung im Auf- und Absteigen hatten sie ja schon. Als Nadine einen sicheren festen Platz hatte, folgte auch er. Sie hofften, dass sie schnell genug waren, denn nur wenige Schritte trennten sie von den Traumräubern. Christian zog sich mit letzter Kraft und dem Mute der Verzweiflung an Glühbis Haaren hoch und versuchte aufzusteigen. Noch immer hing er seitlich an Glühbis Körper, als dieser bereits nach oben abhob. Noch länger zu warten, wäre mit Sicherheit tödlich gewesen.

„Halt Glühbi, ich bin doch noch gar nicht richtig an Bord!“, entfuhr es Christian. Er zappelte wie ein Fisch im Netz. Die Hände fest ins Fell gekrallt. Die Beine in der Luft. „Für den ***„Flieger-Glühbi***“, müsste man glatt noch eine Stewardess erfinden, um seinen Flug nicht zu verpassen“, überlegte Christian. Feen wären vielleicht besonders geeignet.

Mit einem kurzen Blick nach unten entdeckte er den Grund für Glühbis verfrühten Start. Mehrere Traumräuber hatten bereits den Ort erreicht, an dem das Trio kurz zuvor gestanden hatte. Sie versuchten nach Christians Füßen zu greifen. Dieser schwebte jedoch, an Glühbi hängend, davon. Sie konnten ihn nicht mehr erreichen.

„Ich weiß nicht, wie lange ich mich festhalten kann!“, schrie dieser, an der Seite hängend, Glühbi zu. Bitte beeil dich!“

„Halt durch, Paps! Wir schaffen das schon!“

Glühbi erhöhte vorsichtig nach und nach die Flughöhe. Wild schreiend und keifend blieben die Traumräuber zurück. Nadine und Paps waren gerettet. Aber waren sie auch außer Gefahr?

Tatsächlich konnte es nur noch eine Frage von höchstens Minuten sein, bis die ersten Sonnenstrahlen über dem Falkenstein zu sehen waren. Glühbi und seine Fluggäste mussten jetzt so schnell sie konnten zurück. Plötzlich, wie aus dem Nichts, einen lautes „***Zischhhh***“. Glühbi sackte einige Meter ab. Er war schwer am rechten Flügel getroffen. Ein erster Sonnenstrahl schien voller Energie durch das dichte Geäst der Bäume und hatte ihren gemeinsamen Freund ernsthaft verletzt. Die Stelle, an der das Sonnelicht ihn verwundet hatte, war regelrecht verschmort. Der Geruch seiner verbrannten Flughaut stieg ihnen übel riechend in die Nase. „Auweia, das hat bestimmt weh getan“, dachte Nadine mitfühlend. Glühbis Leuchten wurden erneut schwächer. Hatte er noch genügend Kraft? Konnten sie es noch schaffen?

„Sei vorsichtig, Glühbi! Die Sonne kommt! Wir haben es gleich geschafft!“, rief Nadine nach vorne.

„Ja, Glühbi, gib nicht auf!“, versuchte ihr Vater ihn ebenfalls anzufeuern. „Bleib im Schatten, Glühbi! Du musst im Schatten fliegen! Da hast du noch ein wenig mehr Zeit!“

Die Sonne musste jeden Augenblick in ihrer vollen Stärke über dem Falkenstein auftauchen. Wenn das passierte, war das ihr aller Ende. Das Licht würde nicht nur die bösen Traumräuber vernichten, sondern auch alle anderen Traumwesen. Auch Glühbi. Und ob sie einen erneuten Absturz nochmals so glimpflich überstehen würden, daran zweifelte Christian.

Er konnte sich kaum noch an Glühbis Haaren festhalten. Seine Hände wurden klamm und pelzig. Waren sie noch weit von ihrem Zelt entfernt? Sie mussten zurück...und Glühbi heim in seine schützende Höhle. Verbissen kämpfte er weiter und hielt sich mit dem Mute der Verzweiflung in Todesangst fest. Erschöpft ließ er den Kopf sinken und blickte dabei in das endlose Waldmeer nach unten.

Vögel begannen ihr morgendliches Konzert. Die Bäume waren jetzt nicht mehr grau und schwarz, wie in der tiefen Nacht. Ein grüner Farbton legte sich langsam über die Tannen, Buchen, Birken und Eichen. Mit dem neuen Tag kehrten auch die Farben in die Natur zurück. Ein ewig wiederkehrender Kreislauf.

Da plötzlich! Die Stelle kam Christian doch bekannt vor. Er sah genauer nach unten. Stand da nicht hellgrüner Stoff zwischen dem tiefen Grün des Waldes?

„Glühbi, wir sind da! Flieg nach unten! Schnell! Da ist unser Zelt!"
„Hurra, wir haben es geschafft! Glühbi, du bist der Beste! Schnell, lass uns landen!"

Als ob Glühbi sie tatsächlich verstanden hätte, folgte er ihrer Aufforderung brummelnd. So schnell er konnte, flog er abwärts und war im Nu vor ihrem Zelt angekommen. Christian konnte endlich Glühbis Haare loslassen, die ihn den weiten Weg getragen hatten. Seine Hände schmerzten furchtbar. Der feste Boden unter den Füßen tat gut und wirkte beruhigend.

Nadine hüpfte mit einem riesigen Satz von Glühbis Körper hinterher. Sie landete im weichen Gras kopfüber vor dem Zelt. Sie fühlten sich unendlich erleichtert, als sie den Erdboden rochen, der in der Morgenkühle satt dampfte und Lebenskraft verströmte.

„Du musst sofort los Glühbi, sonst schaffst du es nicht mehr", rief Christian ihrem Freund zu.

„Mach bloß, dass du schnell in deine Höhle kommst und hab vielen Dank für alles. Grüß mir die Feen und sag ihnen, dass wir sie lieb haben“, gab Nadine Glühbi auf den Weg mit.

Ein letztes Mal schlossen sie ihren Freund fest in die Arme und drückten ihn voller Dankbarkeit und Erleichterung. Nadine gab ihm dabei ein kleines Küsschen auf seine putzige rote Nase. Glühbi leuchtete noch einmal kräftig auf und brachte ein extra langes Brummen hervor. ***„Brummmmmmm.***“ Doch dieses Mal war sein Leuchten rot. Glühbi grunzte verlegen.

Nachdem sie Abschied genommen hatten, begann er sich wieder in den Himmel zu erheben. Hastig war der Abschied, doch alles andere wäre für ihn viel zu gefährlich gewesen. Tochter und Vater winkten Glühbi dankbar nach, bis er aus ihren Augen völlig entschwunden war. Eine tiefe Müdigkeit stieg in ihnen auf. Müdigkeit aus innen heraus, die sich im ganzen Körper breit machte. Vom Kopf bis zu den Beinen. Tief in den Knochen sitzend und vor allem in ihrer erschöpften Muskulatur. Sie beschlossen, sich sofort ins Zelt zu legen. Erschöpft schliefen beide ein.

Was für eine Nacht?

Schnuppes Abschiedsbrief

Der neue Tag erwachte und Nadine mit ihm als erste. Voller Ungeduld stupste sie ihren Vater mit dem Zeigefinger an die Nasenspitze. Paps schlief noch fest und reagierte nicht. Ein weiterer Weckversuch, der wesentlich kräftiger war, folgte. Christian fuhr aus seinem tiefen Schlaf hoch und saß sofort senkrecht im Zelt. Etwas grimmig war ihm zumute.

„Wie, wo, was ist los?"

„Aufwachen Paps! Ich glaub´ es ist vorbei."

„Was ist vorbei, Nadine?"

„Na unser Abenteuer natürlich. Weißt du denn nicht mehr? Wir sind doch gerade erst wieder zurückgekehrt."

Christian blickte fragend in die blauen Augen seiner Tochter, die ihn wie immer fröhlich anstrahlten.

„Dann haben wir das alles wirklich erlebt?"

„Erlebt und geträumt gleichzeitig, lieber Paps."

Noch immer war den beiden die Verwunderung über die letzten Stunden deutlich anzusehen. Ihre Gesichter waren vom nächtlichen Kampf völlig verschmutzt. Ihre Kleidung verdreckt und feucht. Christian griff sich automatisch an seine noch immer schmerzende Beule am Kopf.

„Das glaubt uns kein Mensch Nadine, wenn wir das zu Hause jemandem erzählen."

„Ach, vielleicht sollten wir das auch gar keinem erzählen", gab Nadine zur Antwort und grinste dabei ein wenig schelmisch.

„Da hast du auch wieder Recht. Am Ende lassen sie uns nicht

mehr zum Zelten gehen, weil sie glauben, wir sind verrückt."

„Genau!"

Nachdem die letzten Worte verhallt waren, herrschte völliges Schweigen im Zelt. Nadines Augen wurden ein wenig traurig und ihr Kopf senkte sich.

„Was ist los Nadine? Du bist auf einmal so ruhig."

„Ach nichts Paps. Ich habe gerade an Glühbi gedacht. Hoffentlich hat er es noch bis zur Wunschhöhle geschafft. Ich habe ihn wirklich sehr lieb und wenn ihm jetzt was passiert ist…"

„Mach dir keine Sorgen, Schatz. Hast du gesehen, wie der mit den Traumräubern umgesprungen ist. Den kriegt so leicht nichts klein. Ich bin mir sicher, dass er es geschafft hat. Bestimmt sitzt er jetzt bei den Feen in der Höhle und wartet auf die nächste ***Nachtschicht***."

„Ich hoffe, dass du recht hast Paps."

Obwohl die letzte Nacht für die beiden Wanderer ziemlich anstrengend gewesen war, hielt sie nichts mehr im Zelt. Immerhin hatten sie ja auch geschlafen und waren nun voller Tatendrang und Energie. Ihre Freude war riesengroß darüber, dass sie ihre Aufgabe erfolgreich beendet hatten. Nur eine kleine Ungewissheit blieb. Hatte Glühbi es wirklich geschafft? Waren die Feen auch tatsächlich gerettet worden? Hatten sie den Höhleneingang der Traumräuber richtig verschlossen? Sie hofften, dass wirklich alles ordentlich von ihnen erledigt worden war. Nicht auszudenken, wenn die bösen Traumräuber die Oberhand über die Traumwelt der Kinder bekommen würden. Das durfte niemals geschehen!

Sie öffneten das Zelt und traten ins Freie. Morgentau perlte auf den dünnen Grashalmen. Die Luft an diesem neuen Tag schmeckte süß und saftig, so dass man fast davon trinken wollte. Nadine und Christian reckten und streckten Arme und Beine aus.

„Hier hat also das ganze Abenteuer heute Nacht begonnen“, sagte Christian und zeigte auf die Stelle vor dem Zelt, an der sie Schnuppe zum ersten Mal gesehen hatten.

„Ja und da hinten war Glühbi“, sagte Nadine und deutete dabei zu dem Punkt hinter dem Zelt, an dem ihr treuer Freund sie in Empfang genommen hatte. Drei Tannen hatten ihre Spitzen einander zugeneigt, so als würden sie sich erzählen, was letzte Nacht passiert war.

Als sie nun beide in die gleiche Richtung blickten, fiel ihnen ein kleines weißes Papier auf, das auf die Zeltspitze gespießt war.

„Hast du den da hin gehängt, Paps?“

„Nicht die Spur, Nadine“

„Komm lass uns nachsehen, von wem er ist.“

Vorsichtig nahmen sie den Zettel von der Zeltspitze ab. Scheinbar hatte jemand eine Nachricht für sie hinterlassen. Mit geschwungener Schrift waren einige Zeilen darauf zu erkennen. Nadine und Christian begannen aufgeregt zu lesen.

Liebe Nadine, lieber Papa von Nadine...

Wenn ihr diese Nachricht lest, ist ein neuer Morgen angebrochen. Ich bin mir ganz sicher, dass ihr geschafft habt, worum wir euch gebeten haben. Wir, die Feen vom Falkenstein möchten euch von ganzem Herzen danken. Durch euere Hilfe können gute Träume weiter geträumt werden und gehen Hoffnungen nicht verloren. Das Gute muss nicht dem Bösen weichen. So ist es von je her gewesen und so soll es bleiben. So lange es Menschen wie euch gibt, die noch an Träume und das Gute glauben, so lange wird es auch uns noch geben. So lange man sich noch auf das Wort des Anderen verlassen kann, so lange können auch wir noch unser

Werk verrichten. Solltet ihr zu Hause jemanden diese Geschichte erzählen, so werden euch die meisten nur auslachen. Ein paar wenige Kinder und sogar Erwachsene werden aber aufmerksam zuhören. Ihr werdet sie erkennen, denn auch sie haben noch Träume und Hoffnungen wie ihr.

Bevor ihr nun euren Weg nach Hause geht, habe ich noch eine Überraschung für dich, Paps.

Du kannst dich sicher noch an die **Fee Saba** *erinnern. Das war die Fee, die in der Mitte des großen Tisches in unserer Höhle war. Sie war diejenige, die kaum noch Kraft zum Leuchten hatte und schon sehr schwach war. Diese Fee ist durch eure Hilfe gerettet worden und diese Fee ist es auch, die von jeher dir, lieber Paps, zugeteilt war. Durch deinen gemeinsamen Einsatz mit Nadine hast du die Fee, die dich von Kindheit an begleitet hat, gerettet. Durch*

Schnuppes Abschiedsbrief am Zelt.

deinen Glauben, Paps, hast du deine ganz persönliche Fee wieder zum Leuchten gebracht. Somit hast du uns und vor allem auch dir selbst einen großen Dienst erwiesen.

Habt Dank für Alles...

...Euere ***Feen vom Falkenstein, Glühbi****...*

...und ***Schnuppe!***

Kaum hatten sie den Brief zu Ende gelesen, als dieser vor ihren Augen zu leuchten begann. Hell war sein Schein. So hell, dass es ihnen für einen Moment den Blick nahm. Als das Leuchten nachgelassen hatte, war er aus ihren Händen verschwunden. Er hatte sich buchstäblich in Luft aufgelöst.

Auch der leuchtende Zauberstein war nicht mehr da. Durch einen Griff in die Taschen seiner Jeans konnte Christian feststellen, dass auch er wie vom Erdboden verschluckt war.

Auch wenn sie jetzt noch Zweifel gehabt hätten, so wären sie nun endgültig beseitigt gewesen. Nadine und Christian standen noch eine Zeit lang abwartend vor ihrem Zelt. Erst nach einer Weile begriffen sie wirklich, dass nun endgültig alles vorbei war. Sie waren hierher in den Wald gekommen, um eine wichtige Aufgabe zu erfüllen. Diese hatten sie jetzt ausgeführt. Schweigend und ganz behutsam begannen sie, ihr Lager abzubrechen und die Sachen in ihre Rucksäcke zu packen.

Silberauge und ***Goldfeder***, das stolze Falkenpärchen, zogen auch an diesem herrlichen Morgen lautlos ihre Kreise über dem Falkenstein. Viel zu lange hatte die Nacht gedauert und sie konnten es kaum erwarten, mit den ersten Flügelschlägen den neuen Tag zu beginnen.

Mit eleganten Schwingen, wie es ihrer majestätischen Art entspricht, bewegten sie sich geräuschlos in schwindelerregenden Höhen.

Auch heute rief Silberauge einen seiner gewaltigen Schreie in den frischen Morgenhimmel hinein. Goldfeder, sein Weibchen, antwortete sofort.

„Ob wir auch mal in einem Märchen vorkommen?“, fragte Silberauge seine Gefährtin.

„Wer weiß.“, antwortete Goldfeder ihm geheimnisvoll. „Für heute haben wir genug erlebt…Lass uns lieber zu unserem Falkennest zurückfliegen. Der ***„Königsbaum“*** wird uns schon vermissen…“

Wortlos blickten Vater und Tochter zum grenzenlosen weiß-blauen Himmel empor. Ob ihnen das Falkenpärchen wohl die gerade erlebte Geschichte geglaubt hätte? Oder wurden sie beide von ihnen die ganze Zeit beobachtet ohne es zu merken?

Eine Antwort darauf, haben sie nie erfahren.

Das Falkenpaar hatte in der Nähe des Zeltes auf einem versteckten Ast die ganze Nacht verbracht. Die Fee Schnuppe hatte sie darum gebeten. Im Schutze einer mächtigen Tanne hatten sie unermüdlich das grüne Igluzelt beobachtet und über Nadines und Christians Schlaf mit scharfen Augen gewacht.

Nadine und Christian hingen weiter ihren Gedanken nach. Nadine ihren Kindergedanken und Christian seinen Erwachsenengedanken. Und doch hatten sie etwas gemeinsam. Sie waren von nun an durch ein unsichtbares Band verbunden.

Als sie einige Zeit später wieder zu Hause angekommen waren, suchte Christian zum wiederholten Male sein geheimes Tagebuch. Seine Gedanken fanden in seinem Kopf nicht mehr genügend Platz. Er brauchte ein Ventil, um sich den Traum von der Seele zu schreiben…

Er griff zu seinem Kugelschreiber und brachte seine Gedanken und Gefühle zu Papier:

Das gemeinsam erlebte Abenteuer hat uns stärker verbunden, als wir es aus eigener Kraft je geschafft hätten. Diese eine Nacht hat uns einander näher gebracht und unsere Freundschaft vertieft. Freundschaft, die mir so am Herzen liegt...und grenzenloses Vertrauen. Alles ist in unseren Träumen wieder möglich. Wie vor vielen Jahren, als ich noch selbst ein Kind war. Die Fantasie ist wieder eine Freundin der Realität. Kinderträume und Erwachsenenlogik passen plötzlich wieder zusammen. Nadine,...ich danke dir!

Von nun an haben wir ein gemeinsames Geheimnis...

Das Geheimnis von der Fee vom Falkenstein...

...oder wie Märchen wahr werden können.

(...vielleicht auch das Märchen von Korbinian,

dem Königsbaum)

Fortsetzung folgt...

Herzlichen Glückwunsch, lieber Christian Fischer,

zu Deinem „Wald-Märchen"

In Deinem neuen Buch ist es Dir gelungen, den Bayerischen Wald in Wort und Bild in seiner urwüchsigen Natürlichkeit bis in Details zu beschreiben. Indem Du den Inhalt in ein spannendes Märchen gekleidet hast, kommt auch das Mysteriöse dieses unendlich großen, dunklen Waldes zur Geltung.

Die Wald-Vereins-Sektion Lindberg-Falkenstein hat sich in ihrer Satzung u. a. auferlegt, Deinen Märchenwald in seiner Schönheit und Ursprünglichkeit zu erhalten. Mit der ständigen Pflege des Kulturdenkmals Albrechtschachten sorgen wir dafür, dass Deine Schützlinge auch weiterhin einen zentralen Ort vorfinden, wo sie sich treffen können und genügend Platz zum Feiern, vielleicht sogar zum Tanzen zur Verfügung haben. Wenngleich wir die Sprache der Waldlebewesen, - wenn überhaupt - nur spärlich verstehen können, so bemühen wir uns wenigstens, sie in Ruhe zu lassen und sie im Bestand zu schützen.

Überhaupt ist es uns ein Anliegen, die waldlerische Kultur, das von unseren Vätern Ererbte, zu pflegen und in Ehren zu halten, was in den verschiedenartigsten Veranstaltungen zum Ausdruck gebracht wird.

Wir wünschen Dir, lieber Christian, und Deinem wunderschönen Buch viel Erfolg! Die Wald-Vereins-Sektion Lindberg-Falkenstein in diesem Rahmen vorstellen zu dürfen, ist uns eine große Ehre.

Sektion Lindberg-Falkenstein.

Nadine auf dem Gipfel des großen Falkenstein (1313m ü. NN) mit Blick auf Kreuzstraßl und Lindbergmühle bis nach Lindberg und Zwiesel. Als diese Märchen geschrieben wurde, war Nadine 7 Jahre alt.

Christian Fischer.

ISBN 3-937067-15-9

Hexen, Druden und Durandl

Hans Schopf

Geister- und Landschaftssagen aus dem Dreiländereck Bayern, Böhmen und Österreich.
DIN A5, 150 Seiten

11,90 Euro

ISBN 3-937067-47-7

Böhmerwald-Märchen

Sammlung aus der Zeit von 1870 bis 1924.
Illustration von Susanne Zuda.
DIN A4, 90 Seiten, vierfarbig.

14,80 Euro

ISBN 3-9804872-9-6

Irrwurz

Volkssagen, Böhmerwald, Bayerischer Wald

Karl-Heinz Reimeier

Illustration:
Siegfried Stockbauer

Die Volkssagen stammen aus dem Raum Winterberg im Böhmerwald, sowie aus dem Landkreis *Freyung-Grafenau.*
DIN A 5, 204 Seiten

11,90 Euro